INITIALEN

Judith Schumacher
wurde 1993 in Kassel geboren. Vor ihrem Studium
sammelte sie durch zwei Verlagspraktika erste
Erfahrungen in der Buchbranche. Während
ihres Studiums (Buchwissenschaft mit Beifach
Germanistik) leitete sie als studentische Hilfs-
kraft InDesign-Kurse, organisierte mit einer
Hochschulgruppe Autorenlesungen und war Teil
eines studentischen Projekts zum typografischen
Gestalten. Ein Auslandssemester verbrachte sie
in Leiden (Niederlande). Nach Abschluss Ihres
Studiums absolvierte sie ein Praktikum im Lektorat
des Magellan Verlags und begann den zweijährigen
Fernkurs Kinder- und Jugendliteratur der Studien-
und Beratungsstelle STUBE. Seit Februar 2018 ist
sie Volontärin in der Redaktion des Loewe Verlags.

Judith Schumacher

Regenbogenfamilien im deutschsprachigen Bilderbuch

Ein Überblick über Angebot und Rezeption

Seit 2013 erscheinen in der Reihe *Initialen* herausragende Abschlussarbeiten der Mainzer Buchwissenschaft. Im *Verlagslabor* übernehmen Studierende des Bachelor-Studienganges *Buchwissenschaft* der Johannes Gutenberg-Universität Mainz die vielfältigen Aufgaben von Lektorat, Herstellung und Marketing.

http://www.initialen.wordpress.com

Band 37: Regenbogenfamilien im deutschsprachigen Bilderbuch

Gesetzt aus Minion Pro und Myriad Pro
in der Lehrdruckerei der Mainzer Buchwissenschaft
von David Lobenstein & Emil Gavrilov

Lektorat: Nina Born & Maria Leladze
unter Mitarbeit von Lukas Lieneke

Marketing: Vivien Backof, Alexandra Heuwerth,
Cara Küpper & Janine Müller

Druck & Bindung: Books on Demand (BoD), Norderstedt

ISBN 978-3-945883-69-3

Auch als PDF (ISBN 978-3-945883-71-6)
und EPUB (ISBN 978-3-945883-70-9) erhältlich.

INHALT

GELEITWORT

Regenbogenfamilien waren unlängst ein Motiv in der Werbekampagne eines Telekommunikationsdienstleisters und scheinen auf den ersten Blick längst in der Gesellschaft akzeptiert. Oder wurden sie als Motiv möglicherweise genau deshalb gewählt, weil sie (noch) einen Verstoß gegen die Norm darstellen und dadurch Aufmerksamkeit generieren? Judith Schumacher hat sich in der vorliegenden Untersuchung aus buchwissenschaftlicher Perspektive mit der medialen Repräsentanz von Regenbogenfamilien in einem eng umgrenzten Segment des Medienangebots beschäftigt und das Bilderbuch in den Fokus ihrer Analyse gerückt. Hinterlegt ist die Analyse mit dem „Four Stages of Minority Portrayals Model" von Clark, anhand dessen verschiedene Phasen der Repräsentation von LSBTI*-Personen in Bilderbüchern identifiziert werden. Da mit dem Bilderbuch bereits sehr früh Vorstellungen und Stereotype von Familien geprägt werden können und sich diese folglich erheblich im Sozialisationsprozesse in Bezug auf Identifikation und Identitätsarbeit auswirken können, wurde hier ein gesellschaftlich hoch relevantes Forschungsgebiet als Neuland betreten.

Der im Rahmen der vorliegenden Untersuchung zusammengestellte Überblick über das Angebot an Bilderbüchern, in denen gleichgeschlechtliche Liebe thematisiert wird, bildet eine fundierte Grundlage für Fragen nach möglichen Wirkungen der Bücher einerseits und ermöglicht andererseits eine tiefergehende Analyse der Produzenten und Distributoren und deren Beweggründen. Vorangestellt findet sich ein historischer Abriss der Thematisierung von sexueller Identität im Kinder- und Jugendbuch, der erste Ansätze in den 1980er und einen Anstieg in den 1990er Jahren verdeutlicht und gleichzeitig sichtbar macht, dass die Integration in den Markt durchaus von

Kritik begleitet war und ist, etwa wenn bei der Darstellung gleichgeschlechtlicher Liebe automatisch von einer Sexualisierung des Inhalts ausgegangen wird.

Dass Regenbogenfamilien in deutschen Bilderbüchern vorkommen, ist eine noch recht neue Entwicklung, die von Judith Schumacher im internationalen Vergleich eingeordnet wird. Welche Rolle Autoren, Verleger, Buchhändler und verschiedene Institutionen bei der Verbreitung entsprechender Titel spielen, wird auf einem hohen Reflexionsniveau kenntnisreich diskutiert. Insbesondere das Selfpublishing hat zur Dynamisierung in diesem Bereich erheblich beigetragen. Da deutschsprachige Titel noch immer eine Ausnahme darstellen und insbesondere für ganz kleine Kinder kaum verfügbar sind, richtet Judith Schumacher den Blick auf die Rezeption ausländischer Bücher in Deutschland, wobei sich zeigt, dass potenzielle Rezipienten recht hohe Hürden überwinden müssen.

Anke Vogel
im Januar 2018

1 EINLEITUNG

1.1 Problemstellung

»Es scheint, als wären mediale Botschaften zum Vorbild der erlebten Wirklichkeit geworden und somit der primäre Bezugspunkt für Identität«[1], formuliert Axel Kuhn 2015 in seinem Artikel *Lesen als Identitätskonstruktion und soziale Integration*. Medien beeinflussen bei Individuen demnach als entscheidende Quelle das Definieren der Kategorien »Normalität« und »Andersartigkeit«.[2] Aufgrund ähnlicher Annahmen erstellen Organisationen, die Integration und Diversität – unter anderem von unterschiedlichen Familienformen – fördern wollen, Bücherlisten und Medienkoffer für Kindergärten und Privatpersonen.[3] Bilderbücher, die gleichgeschlechtliche Elternpaare abbilden, sind beispielsweise ein Schwerpunkt des *Kita-Koffers »Familien- und Lebensvielfalt«*,[4] erarbeitet von der Initiative *QueerNet Rheinland-Pfalz e. V.* Ebenso wie die Organisationen, die hinter diesen Projekten stehen, haben auch Verleger[5] und Autoren sowie Buchkäufer und Rezensenten Vorstellungen davon, was diese Bilderbücher zeigen sollen und bewirken können. Gleichzeitig scheint es in der Forschung wenig belegtes Wissen darüber zu geben, welches Bilderbuchangebot der deutsche Kinderbuchmarkt diesen Zielen und Wünschen bietet. Zusammengefasst soll daher in dieser Arbeit

---

1 Kuhn, Axel: Lesen als Identitätskonstruktion und soziale Integration. In: Lesen. Ein interdisziplinäres Handbuch. Hrsg. von Ursula Rautenberg und Ute Schneider. Boston: de Gruyter 2015, S. 840.

2 Vgl. ebd.

3 Vgl. Kapitel 1.3 »Methodische Aspekte und Materialauswahl«, in dem zahlreiche dieser Empfehlungslisten und Organisationen aufgeführt werden.

4 Queernet-RLP. Projekte. Kita-Koffer. http://www.queernet-rlp.de/projekte/kita-koffer [09.01.2017].

5 Wenn ich im Folgenden darauf verzichte, neben der maskulinen Form auch stets die feminine Form zu verwenden, so ist dies einer leichteren Lesbarkeit geschuldet und soll geschlechtsneutral verstanden werden.

untersucht werden, welche Ziele und Vorstellungen Bilderbücher mit Regenbogenfamilien begleiten, und wie diese Familien in den aufgefundenen Büchern dargestellt werden.

Um diese Frage beantworten zu können, ist es im ersten Schritt nötig, sich dem Thema in einem größeren Kontext zu nähern. Deshalb wird zunächst die Historie und Entwicklung dargestellt, dann auf aktuelle gesellschaftliche Aspekte eingegangen und anschließend der internationale Kontext mit Schwerpunkt auf den USA ergänzt. In Kapitel 3 sollen Antworten auf den ersten Teil der Fragestellung gefunden werden: Welche Vorstellungen und Ziele haben die unterschiedlichen Akteure? Die wichtigsten der dabei herausgearbeiteten Vorstellungen können dann im vierten Kapitel anhand der Analyse des tatsächlichen Bilderbuchmaterials überprüft werden. Mithilfe dieser Ergebnisse werden mögliche Trends innerhalb des Bilderbuch-Angebots sowie zusammenfassende Interpretationen diskutiert.

Das hier angewandte Muster zur Analyse der Darstellung von Regenbogenfamilien in der deutschsprachigen Buchbranche könnte auf ähnliche Fragestellungen zu anderen Minderheitengruppen im Medium Buch angewandt werden und damit als Ausgangspunkt für weitere thematisch verwandte Forschungsvorhaben dienen. Relevanz haben die Antworten, die im Rahmen dieser Arbeit gefunden werden sollen, für die Verlagspraxis, den Buchhandel sowie für andere verbreitende Institutionen. Die dabei herausgearbeiteten Trends bieten Orientierung zur Einschätzung zukünftiger themenverwandter Buchprojekte. Nicht zuletzt sind sie eine Grundlage für die Erstellung einer bisher noch nicht vorhandenen Bibliographie, die Verlagen als Richtschnur dienen und Vergleichsmöglichkeiten bieten kann.

1.2 Forschungsstand

Zum Thema »Regenbogenfamilien im Bilderbuch« wurden in Deutschland noch keine umfassenden Studien durchgeführt; es konnten daher keine mit Daten belegten Untersuchungen zum Bücherangebot gefunden werden.[6] Da-

---

6 In einzelnen Beiträgen werden zwar Aussagen zur Situation in Deutschland getroffen, diese werden aber nicht mit Daten belegt. Ein Beispiel dafür ist folgende Aussage: »Aktuelle deutschsprachige Bilderbücher gehen zwar selten so weit, Gender-Queerness oder Homosexualität explizit zu benennen. In den letzten Jahren sind aber mehrere Werke erschienen, die das traditionelle Modell der Familie als biologische Gemeinschaft [...] in ein pluralistisches Familienbild überführen [...].« Zitiert aus: Kalbermatten, Manuela: Knurrende Enten und Bären mit Schnäbeln. Zum subversiven Potenzial queerer Tier-Adoptionen in neueren Bilderbüchern. In: Immer Trouble mit Gender? Genderperspektiven in Kinder- und Jugendliteratur und medien(forschung). (kjl & m. extra 16.) Hrsg. von Petra Josting, Caroline Roeder und Ute Dettmar. München: kopaed 2016, S.199.

raus ergibt sich für die hier vorgenommene Analyse zwangsläufig, dass zu großen Teilen auf die Ergebnisse eigener Quellenarbeit – unter anderem zu Bilderbuchmaterial, den Internetauftritten der Verlage und Autoren sowie Rezensionen und Diskussionen auf Blogs und in Online-Magazinen – zurückgegriffen werden muss.

Auch in theoretischen Überblicken zu den sogenannten »neuen Familienformen« finden Regenbogenfamilien teilweise in aktueller Forschung keine Erwähnung: Die Autorin des Titels *Patchworkfamilien in der Kinder- und Jugendliteratur*[7] beispielsweise listet zu diesem Punkt ausschließlich die »Einelternfamilie, die Stief- und Patchworkfamilie sowie nicht-eheliche Lebensgemeinschaften«[8] auf, wobei auch mit letzterem bei ihr nur heterosexuelle Paare gemeint sind. Aufgrund der wenig bis nicht vorhandenen Forschungsliteratur zu Bilderbüchern, die LSBTI*-Personen[9] zeigen, ist eine Ausweitung der Lektüre auf Forschungsergebnisse zum Thema Homosexualität in der Kinder- und Jugendliteratur allgemein sinnvoll. Eine der wenigen umfassenden Auswertungen mit statistischen Daten ist hier die 1995 veröffentlichte Dissertation Cyrus Dethloffs mit dem Titel *Jungenpaare, Mädchenpaare. Der humanwissenschaftliche Diskurs um die »Homosexualität« und sein Einfluss auf ihre Darstellung im erzählenden Kinder- und Jugendbuch.*[10] Trotz des nicht aktuellen Erscheinungszeitpunktes und wissenschaftlicher Schwächen, wie dem Fehlen einer Offenlegung der Methodik (beispielsweise hinsichtlich der Recherche und Auswahl der Primärliteratur), werden Dethloffs Ergebnisse in zahlreichen Aufsätzen zum Thema Homosexualität im Kinder- und Jugendbuch als Grundlage genutzt.

Einer dieser aktuelleren, auf Cyrus Dethloffs Daten basierenden Beiträge zur gleichgeschlechtlichen Liebe in der Jugendliteratur ist der 2004 erschienene Überblicksartikel *Das Thema »Homosexualität« im zeitgenössischen*

7   Minges, Britta: Patchworkfamilien in der Kinder- und Jugendliteratur der Gegenwart. (Angewandte Literaturwissenschaft 6). Innsbruck u. a.: StudienVerlag 2010.

8   Ebd, S. 24.

9   Die Abkürzung LSBTI* – im Englischen beispielsweise LGBTI oder LGBTQ – ist eine der gängigsten Bezeichnungen für die verschiedenen sexuellen Orientierungen und Identitäten. Hierbei steht das »L« für lesbisch, das »S« für schwul, »B« für bisexuell, »T« für transsexuell oder transgender und »I« für intersexuell. Das »Q«, welches in der Englischen Variante noch gebräuchlicher ist, steht für »queer«. Selbst diese Bezeichnung repräsentiert nicht alle Personen. Um das Akronym aber nicht zu unhandlich werden zu lassen, wird in dieser Arbeit »LSBTI*« verwendet – wobei das »*« für alles steht, das nicht den fünf Buchstaben untergeordnet werden kann.

10 Dethloff, Cyrus: Jungenpaare, Mädchenpaare. Der humanwissenschaftliche Diskurs um die »Homosexualität« und sein Einfluß auf ihre Darstellung im erzählenden Kinder- und Jugendbuch (Literatur- und Medienwissenschaft 42). Zugl.: Saarbrücken, Univ., Diss., 1995. Paderborn: Igel Verlag 1995.

Adoleszenzroman von Elisabeth Buchholtz.[11] Buchholtz kann Dethloffs Daten in Ansätzen durch aktuelle Forschung ergänzen, allerdings können Teile ihrer Arbeit kritisch beurteilt werden. So bespricht sie als ersten Untersuchungspunkt ob und in welcher Form die »Frage nach der Genese von Homosexualität«[12] im Buch thematisiert wird, und unterstellt dabei beispielsweise Andreas Steinhöfels *Die Mitte der Welt*[13], die zugrundeliegende Konzeption von Homosexualität sei hier die »genetische Disposition«[14]. Auch das Modell, demzufolge eine »dominierende Mutter und ein schwacher, abwesender oder als negativ erlebter Vater«[15] Begründung für die nicht-heterosexuelle Orientierung des Kindes sei, stellt Buchholtz ohne Anmerkungen und Kritik als eine Möglichkeit hin. In ihrem Beitrag vermischen sich dabei Aussagen über reale Fakten und fiktionale Buchinhalte[16].

Spezifischen Bezug auf das Thema Regenbogenfamilie im Bilderbuch nehmen zwei Artikel aus dem 2016 erschienenen Extraband *Immer Trouble mit Gender? Genderperspektiven in Kinder- und Jugendliteratur und medien(forschung)* der von der *Arbeitsgemeinschaft Jugendliteratur und Medien der GEW (AJUM)* herausgegebenen Zeitschrift *kjl&m*. Beide Beiträge[17] besprechen unter anderem Bilderbuchtitel, die auch in dieser Arbeit von Bedeutung sind.

Bei Fragen zur Geschichte, Definition und Terminologie des Bilderbuches wurde vor allem das Grundlagenwerk Jens Thieles *Das Bilderbuch. Äs-*

11   Buchholtz, Elisabeth: Das Thema »Homosexualität« im zeitgenössischen Adoleszenzroman. In: Neue Leser braucht das Land! Zum geschlechterdifferenzierenden Unterricht mit Kinder- und Jugendliteratur. Hrsg. von Annette Kliewer und Anita Schilcher. Schneider Verlag Hohengehren: Baltmannsweiler 2004, S. 58–68.

12   Ebd, S. 60.

13   Steinhöfel, Andreas: Die Mitte der Welt. Hamburg: Carlsen 1998.

14   Buchholtz: Das Thema »Homosexualität« im zeitgenössischen Adoleszenzroman. S. 60.

15   Ebd.

16   Dieser Umstand ist hier deswegen besonders kritisch anzumerken, weil er zu Aussagen führt, die wirken, als hätte die Analyse der Romane zu einer Erkenntnis über die reale Lage von schwulen Jugendlichen geführt – Beispielsweise hier: »Zusammenfassend kann man sagen, dass gerade die Väter homosexueller Söhne einen ganz wesentlichen Beitrag zur geglückten Identitätsfindung ihrer Söhne leisten könnten, wenn sie ihnen die notwendige Zuwendung und Bestärkung gäben und ihre Homosexualität ohne Vorbehalte akzeptieren können.« Vgl. ebd. S. 66.

17   Kalbermatten, Manuela: Knurrende Enten und Bären mit Schnäbeln; und: Ullmann, Anika: Oh, Be Careful, Little Eyes, What You Read. King & King und das noch-nicht-heterosexuelle Kind. In: Immer Trouble mit Gender? Genderperspektiven in Kinder- und Jugendliteratur und medien(forschung) (kjl&m extra 16.) Hrsg. von Petra Josting, Caroline Roeder und Ute Dettmar. München: kopaed 2016, S. 207–218.

thetik – Theorie – Analyse – Didaktik – Rezeption[18] zu Rate gezogen, außerdem das Kapitel *Bilderbuch* der Einführung *Kinder- und Jugendliteratur*[19] von Gina Weinkauff und Gabriele von Glasenapp. Weitere Begriffsdefinitionen zur Buchbranche stammen aus dem *Wörterbuch des Buches*[20] sowie aus *Reclams Sachlexikon des Buches*[21].

Zu einem so emotional besetzen Thema wie der Akzeptanz von gleichgeschlechtlicher Elternschaft und ihrer Integration in Kindermedien eine wissenschaftliche Arbeit zu erstellen, birgt einige Schwierigkeiten. Kaum ein Aufsatz kommt ohne wertende Einfärbung aus, die meisten Quellen und auch ein großer Teil der gefundenen Literatur enthalten deutlich subjektive Äußerungen. Im Folgenden soll diese sehr starke Färbung vermieden werden, die Verfasserin ist sich aber der Tatsache bewusst, dass dies kein unproblematisches Vorhaben ist.

1.3 Methodisches Vorgehen bei der Materialauswahl

Neben der in Kapitel 1.2 vorgestellten Forschungsliteratur waren für diese Arbeit Quellen in Form von Bilderbuchmaterial besonders relevant. Um die eingangs vorgestellte Fragestellung – »Welche Ziele und Vorstellungen begleiten Bilderbücher mit Regenbogenfamilien, und wie werden diese Familien in den aufgefundenen Büchern dargestellt?« – angemessen behandeln zu können, stand das Auffinden der entsprechenden Bilderbücher zunächst im Vordergrund. Damit die Recherche zeitlich ausreichend begrenzt blieb und so das Vorhaben in einem machbaren Rahmen durchgeführt werden konnte, wurde hauptsächlich eine große Anzahl an Empfehlungslisten aus verschiedensten Quellen durchgesehen. Dazu gehörten beispielsweise[22] die

---

18   Vgl. Thiele, Jens: Das Bilderbuch. Ästhetik – Theorie – Analyse – Didaktik – Rezeption. Oldenburg: Isensee Verlag 2003.

19   Weinkauff, Gina/ v. Glasenapp, Gabriele: Bilderbuch. In: Kinder- und Jugendliteratur. Paderborn: Schöningh 2010, S. 162-190.

20   Hiller, Helmut/ Füssel, Stephan: Wörterbuch des Buches. 7. grundlegend überarb. Aufl. Frankfurt a. M.: Vittorio Klostermann 2006.

21   Rautenberg, Ursula (Hrsg.): Reclams Sachlexikon des Buches. Von der Handschrift zum E-Book. 3., vollständig überarb. und aktualisierte Aufl. Stuttgart: Reclam 2015.

22   Beispiele für weitere, ebenfalls durchgesehene Quellen sind:
      – *Die Kinderbuchliste zu unterschiedlichen Lebensweisen für die Altersstufen 2-6 Jahre* der GLADT e.V.; GLADT. Mehrsprachig – queer – unabhängig. Projekte & Angebote. Laufende Projekte. Modul 1: Kita/Frühkindliche Prävention http://www.gladt.de/seite/239179/modul-1-kita-frühkindliche-prävention.html (Download hier möglich: http://www.i-paed-berlin.de/de/Downloads/) [09.01.2017].
      – Die Literaturliste des *Kompetenzzentrums geschlechtergerechte Kinder- und Jugendhilfe Sachsen-Anhalt e.V* (als PDF-Datei zugänglich unter: Kompetenzzentrum geschlechtergerechte Kinder- und Jugendhilfe Sachsen-Anhalt e. V.: Geschlechter- und Familienvielfalt. Eine Bücherliste mit

Büchertipps für Kinder am Ende eines Artikels zum Umgang mit dem Thema sexuelle Identität im Kindergarten[23], der Katalog einer Ausstellung über veränderte Familiendarstellung im Bilderbuch der *Internationalen Jugendbibliothek* in München[24] sowie die Literaturliste *Kinder- und Jugendbücher*[25] des *Lesben- und Schwulenverband in Deutschland (LSVD) e. V.*, die Liste der Bildungsinitiative QUEERFORMAT[26] oder der *Fachstelle Kinderwelten für Vorurteilsbewusste Bildung und Erziehung*[27]. Neben dem Abgleichen der zahlreichen Bücherlisten und Kataloge wurden außerdem thematisch relevante Blogs und Foren untersucht, beispielsweise der Blog *Rainbow Family News*[28] der Sozialpädagogin und Autorin Stephanie Gerlach oder Buchempfehlungen innerhalb der Gruppe *Regenbogenfamilien* des Eltern-Forums[29].

Das gefundene Buchmaterial wurde auf Bilderbücher eingeschränkt. Dies geschah bewusst mit dem Ziel, die Anzahl der zu sichtenden Titel in einem überschaubaren Rahmen zu halten. Die Ausweitung auf ein größeres Segment der Kinder- und Jugendliteratur, beispielswiese das »Kinderbuch«, hätte außerdem zu neuen Problemen geführt, vor allem beim Versuch einer Definition, die eine eindeutige Grenze für den Begriff »Kinderbuch« zieht. Daher war für diese Arbeit gerade die Altersgruppe von ein bis sechs Jahren von Interesse. Es muss jedoch auch beachtet werden, dass Altersempfehlungen immer nur eine Richtlinie darstellen können und einige Titel mit großer Wahrscheinlichkeit auch noch für Kinder im Grundschulalter von Interesse sind. Bedingt durch die Entscheidung, nur Bilderbücher aufzunehmen,

Empfehlungen für Kinder von 3 bis 8 Jahren. http://www.mj.sachsen-anhalt.de/service/broschueren/geschlechter-und-familienvielfalt/) [09.01.2017].

23   Vgl. Gerlach, Stephanie: Sexuelle Identität – bedeutsam für kleine Kinder? In: Handbuch Inklusion. Grundlagen vorurteilsbewusster Bildung und Erziehung. Hrsg. von Petra Wagner. 1. Ausg. der überarb. Neuausg., 3. Gesamtaufl. Freiburg u. a.: Herder 2013, S. 219-220.

24   Menzel, Hilde Elisabeth (Hrsg.): Alles Familie! Familiendarstellungen in aktuellen Bilderbüchern. Katalog zur Ausstellung. Internationalen Jugendbibliothek: München 2015.

25   Lesben- und Schwulenverband LSVD. Regenbogenfamilien Literaturtipp Kinder und Jugendbücher. https://www.lsvd.de/fileadmin/pics/Dokumente/family/Beratungsfuehrer/3_a-Kinder-Jugendbuecher.pdf [09.01.2017].

26   Bildungsinitiative QUEERFORMAT: Begleitmaterial zum Medienkoffer (2013) »Familien und vielfältige Lebensweisen« für Kindertageseinrichtungen«, zu finden unter: Bildungsinitiative QUEERFORMAT: Medienkoffer (2013). »Familien und vielfältige Lebensweisen« für Kindertageseinrichtungen. http://www.queerformat.de/fileadmin/user_upload/news/Begleitmaterial_Kita-Koffer.pdf [09.01.2017].

27   Fachstelle Kinderwelten für Vorurteilsbewusste Bildung und Erziehung. Vorurteilsbewusste Kinderbücher. http://www.situationsansatz.de/vorurteilsbewusste-kinderbuecher.html [09.01.2017].

28   Rainbow Family News. Ein Blog von Stephanie Gerlach. Website. http://www.rainbowfamilynews.de [09.01.2017].

29   Das Forum ist hier: http://www.eltern.de/foren/regenbogenfamilien/ zu finden.

mussten einzelne Titel außen vor gelassen werden, deren Text-Bild-Verhältnis mehr dem eines Erstlese- oder Kinderbuches entsprechen.[30]

Nach dieser Auslese blieben achtzehn Titel in der Auswahl, die sowohl der Definition von Bilderbüchern entsprechen[31] als auch im weitesten Sinne Regenbogenfamilien abbilden. Zwei Grenzfälle erschienen zu wichtig, um sie außen vor zu lassen: Der Titel *Luzie Libero und der süße Onkel*[32] aus dem Verlag Beltz & Gelberg – hier hat der Onkel, der eine wichtige Bezugsperson für die Protagonisten Luzie darstellt, einen neuen Freund – sowie *König & König*[33] aus dem Gerstenberg Verlag, wo die Eheschließung zwischen zwei Prinzen dargestellt wird (der Schritt zur Regenbogenfamilie durch Adoption wird erst im Folgeband vorgenommen, der in Deutschland nicht verfügbar ist). Auch wenn hier also eine Abweichung von der Betitelung »Regenbogenfamilien im Bilderbuch« besteht, ist diese als geringfügig zu werten, sodass die beiden Bilderbücher in die Untersuchung mit aufgenommen werden können.

1.4 Definitionen und Begriffe

Der im Titel genutzte Begriff der Regenbogenfamilie bezeichnet im weitesten Sinne Familien, in denen ein oder mehrere Elternteile in das LSBTI*-Spektrum fallen, also eine andere sexuelle Orientierung als heterosexuell haben, transgender sind, oder beides. Dabei stammt das Symbol des Regenbogens von der Regenbogenfahne, die 1973 vom amerikanischen Künstler Gilbert Baker entworfen wurde und die Vielfalt der LSBTI*-Community repräsentieren soll.[34] Klassischerweise werden unter Regenbogenfamilien Familien mit gleichgeschlechtlichen Elternpaaren verstanden, was auch dadurch bedingt ist, dass die sexuelle Orientierung alleinerziehender Homosexueller häufig »unsichtbar« bleibt. Ähnliches gilt für Bisexuelle, die in einer Beziehung mit einem Partner des anderen Geschlechts leben. Die genannte engere

---

30 Zu diesen Titeln gehört beispielsweise *Das Zebra unterm Bett* aus dem Moritz Verlag (Orths, Markus/ Meyer, Kerstin: Das Zebra unterm Bett. Frankfurt a. M.: Moritz Verlag 2015), Mama + Mamusch: »Ich bin ein Herzenswunschkind«, selbstverlegt im Lebensweichen-Verlag (Düperthal, Helene/ Hänsch, Lisa: Mama + Mamusch: »Ich bin ein Herzenswunschkind«. Lennestadt: Lebensweichen-Verlag 2016); und Unsa Haus und andere Geschichten aus dem NoNo-Verlag (Böttger, Ben/ Macedo, Rita: Unsa Haus und andere Geschichten. 3., überarb. Aufl. Berlin: Nono-Verlag 2010).

31 Auf die in dieser Arbeit verwendete Definition von Bilderbüchern wird im folgenden Kapitel genauer eingegangen.

32 Lindenbaum, Pija: Luzie Libero und der süße Onkel. Weinheim u. a.: Beltz & Gelberg 2007.

33 Haan, Linda de/ Stern, Nijland: König & König. Hildesheim: Gerstenberg 2001.

34 Selbstverständlich ist dies nicht die einzige Verwendung des Regenbogens als Symbol, es wird auch in anderen Kontexten, beispielsweise als Friedenssymbol, genutzt.

Definition führt auch der Duden an, der den Begriff 2009 aufnahm[35]. Im gleichen Jahr wurde die erste repräsentative wissenschaftliche Studie über *Die Lebenssituation von Kindern in gleichgeschlechtlichen Lebenspartnerschaften*[36] in Deutschland veröffentlicht, die bis heute als grundlegend gilt. Zu der Anzahl von in Regenbogenfamilien lebenden Kindern existieren keine verlässlichen Daten. Die geschätzten Angaben schwanken zwischen 16.500[37] und über 100.000 Kindern,[38] wobei häufig vermutet wird, dass die tatsächliche Anzahl unter anderem aufgrund der mangelnden Belastbarkeit der Daten[39] deutlich höher liegt.

Der zweite Begriff aus dem Titel dieser Arbeit, der einer Definition für seine Verwendung bedarf, ist der des Mediums »Bilderbuch«. Die Gattung Bilderbuch bezeichnet Bücher, in welchen »die Illustrationen selbstverständliche Bedeutungsträger«[40] sind, deren Aufgabe mehr beinhaltet als »eine bloße Veranschaulichung oder Kommentierung des Verbaltextes«[41].

35   Vgl. Regenbogenfamilien: Duden: Duden. Wörterbuch. Regenbogenfamilie. http://www.duden.de/ rechtschreibung/Regenbogenfamilie [09.01.2017].

36   Rupp, Martina (Hrsg.): Die Lebenssituation von Kindern in gleichgeschlechtlichen Lebenspartnerschaften. Köln: Bundesanzeiger Verlag 2009. Das letzte, zusammenfassende Kapitel der Studie ist online über das Bundesministerium der Justiz und für Verbraucherschutz zugänglich: Dr. Rupp, Marina: Die Lebenssituation von Kindern in gleichgeschlechtlichen Lebenspartnerschaften. Rechtstatsachenforschung. Herausgegeben vom Bundesministerium der Justiz. Bundeanzeiger Verlag. http://www.bmjv.de/SharedDocs/Archiv/Downloads/Forschungsbericht_Die_ Lebenssituation_von_Kindern_in_gleichgeschlechtlichen_Lebenspartnerschaften.pdf?__blob= publicationFile&v=3 [09.01.2017].

37   Vgl. Daten zur gleichgeschlechtlichen Lebensgemeinschaften und eingetragenen Lebenspartnerschaften. Wissenschaftliche Dienste des Deutschen Bundestages: Berlin 2013 (WD 9 - 3000 – 039/13). https://www.bundestag.de/blob/410466/eacb0ce908c9e1f0338cefc308eb4fb0/wd-9-039-13-pdf-data.pdf [06.01.17], S. 13-14.

38   Vgl. Gerlach: Sexuelle Identität – bedeutsam für kleine Kinder?, S. 210. Die Autorin bezeichnet die Anzahl von mindestens 100.000 Kindern in gleichgeschlechtlichen Beziehungen als »konservative Schätzung«, und fügt als Begründung hinzu, dass aufgrund der Stigmatisierung, die homosexuellen Personen auch heute noch begegne, sich einige bei den Datenerhebungen nicht zu erkennen geben würden.

39   Unter anderem, weil die Personen »nur nach Lebenspartnern im Haushalt, nicht jedoch nach ihrer sexuellen Orientierung befragt« werden. (Zitat aus: Daten zur gleichgeschlechtlichen Lebensgemeinschaften und eingetragenen Lebenspartnerschaften, S. 6). Laut den Erhebungen des Statistischen Bundesamtes lebten 2015 94.000 Paare in gleichgeschlechtlichen Lebensgemeinschaften, darunter 43.000 in Eingetragenen Lebenspartnerschaften. Die Daten des Statistischen Bundesamtes zu gleichgeschlechtlichen Lebensgemeinschaften sind hier zu finden: Destatis. Statistisches Bundesamt. Zahlen & Fakten. Gesellschaft & Staat. Bevölkerung. Haushalte & Familien. Gleichgeschlechtlichen Lebensgemeinschaften (darunter: eingetragene Lebenspartnerschaften) https://www.destatis.de/DE/ZahlenFakten/GesellschaftStaat/Bevoelkerung/HaushalteFamilien/ Tabellen/3_4_Gleichgeschlechtliche_Lebensgemeinschaften.html [09.01.2017].

40   Weinkauff/ v. Glasenapp: Kinder- und Jugendliteratur, S. 164.

41   Ebd.

Die Bedeutung des Begriffs »Bilderbuch« ist dabei im Rahmen dieser Arbeit nicht auf das narrative Medium begrenzt, sondern schließt auch beispielsweise das Sachbilderbuch mit ein. Dabei meint »Bilderbuch« ausschließlich an Kinder gerichtete Bücher. Aufgrund des Alters der Kinder[42] bilden Erwachsene trotzdem die hauptsächliche Käuferzielgruppe: Eltern, Großeltern, und auch Institutionen wie Bibliotheken und Kindergärten. Diese sind also Buchvermittler, die das Leseerlebnis in vielen Fällen durch Vorlesen, gemeinsames Lesen mit dem Kind und anschließende Gespräche aktiv mitgestalten, und »Gatekeeper«, indem sie Zugänge zu Büchern ermöglichen oder verweigern können.

Von detaillierteren Festschreibungen innerhalb einer möglichen Bilderbuch-Definition, wie einer Obergrenze bei der Seitenzahl oder eine Festlegung eines genaueren Mengenverhältnisses zwischen Bild und Text[43], wird an dieser Stelle abgesehen. Diese Details spielen für die hier erfolgende Forschung keine entscheidende Rolle und führen deswegen auch nicht zum Ausschluss einzelner Titel.

42   Ausgegangen wird hauptsächlich von Ein- bis Sechsjährigen, die die formale Lesefähigkeit entweder noch nicht erworben haben oder Leseanfänger sind, die weiterhin Interesse an Bilderbüchern haben.
43   Vgl. dazu: Thiele: Das Bilderbuch, S. 36.

2 HISTORISCHER, GESELLSCHAFTLICHER UND INTERNATIONALER KONTEXT DER DARSTELLUNG VON GLEICHGESCHLECHTLICHER LIEBE IM BILDERBUCH

2.1 Geschichte der Darstellung von sexueller Identität im Kinder- und Jugendbuch

Wie hat sich im deutschen Kinder- und Jugendbuch die Repräsentation von gleichgeschlechtlicher Liebe und Beziehung entwickelt? Existieren im Ausland schon deutlich länger und mehr Bilderbücher zu dem Thema, und wie ist die Reaktion auf diese Titel? In welchem gesellschaftlichen Kontext sind die Themen in Deutschland heute einzuordnen? Diese Fragen kommen bei der Auseinandersetzung mit den hier zu analysierenden Bilderbüchern ohne Zweifel auf. Da sie allerdings nicht den Schwerpunkt dieser Arbeit bilden und jeweils sehr umfangreiche Recherche erfordern, werden für diese Fragen im folgenden Kapitel nur erste Eindrücke vermittelt, die einen Kontext für die Einordnung der darauffolgenden Bilderbuchanalyse bieten können. Die drei Unterkapitel setzen dabei jeweils einen anderen Schwerpunkt: Zunächst soll die historische Entwicklung in der deutschen Kinder- und Jugendliteratur dargelegt werden, anschließend wird ein Vergleich mit dem ausländischen Buchmarkt vorgenommen, und schließlich soll der Fokus auf die reale gesellschaftliche Situation von Regenbogenfamilien und ihre mediale Repräsentation in Deutschland gelenkt werden.

Die Erweiterung des Blickes auch auf das Jugendbuch ergibt sich aus dem im Forschungsbericht erläuterten Problem, dass spezifisch für das Bilderbuch noch keine Daten vorliegen, auf die aufgebaut werden kann. Deswegen soll auch hier – unter Berücksichtigung der angesprochenen möglichen Probleme der von ihm ermittelten Daten – die Arbeit Cyrus Dethloffs zum *Thema »Homosexualität« im zeitgenössischen Adoleszenzroman*[44] genutzt werden. Sie reichert die hier stattfindende Analyse um Informationen zur historischen Entwicklung des Themas in der Kinder- und Jugendliteratur an. Dethloff untersucht dabei den Zeitraum von 1929 – hier erschien das erste Jugendbuch, welches er auffinden konnte – bis 1994. Seine Ergebnisse zeigen, dass, bis auf zwei frühe Einzeltitel 1929 und 1960, gleichgeschlechtliche Liebe erst ab den frühen 1970er Jahren im Jugendbuch vorkam.[45] Nach sechs Büchern zwischen 1971 und 1983 setzt dann – laut Dethloffs Zahlen – Mitte der 80er Jahre der »Durchbruch«[46] des Themas im Kinder- und Jugendbuch ein, in den 90er Jahren verstärkt sich die Entwicklung noch.[47]

Über nach 1994 erschienene Titel wird zwar in der Forschung gesprochen, eine statistische Auswertung, die an die vorgestellte Dissertation Cyrus Dethloffs anschließt, ist aber nicht verfügbar. Für die hier vorgenommene Arbeit führt der Zeitraum 1929 bis 1994 als historischer Hintergrund aber nicht zu Problemen, sondern ermöglicht vielmehr einen nahtlosen Übergang: 1994 erschien mit *Papas Freund* das wohl erste deutschsprachige Bilderbuch, das beim Forschen nach Titeln mit Regenbogenfamilien aufgefunden werden konnte. Diesen Titel als »Startpunkt« der Statistik zum deutschsprachigen Bilderbuch mit LSBTI*-Charakteren zu wählen ist also nicht nur Ergebnis meiner Forschung, sondern ergibt sich auch aus den Daten Cyrus Dethloffs.[48]

44   Dethloff: Jungenpaare, Mädchenpaare.
45   Vgl. Dethloff: Jungenpaare, Mädchenpaare, S. 346.
46   Ebd.
47   Ebd.
48   Dethloff spricht über das Alter der Protagonisten – bei zwei Dritteln der Bücher läge es zwischen 14 und 17 Jahren – und erläutert, nur zwei Titel »unterschreiten den peripubertären Altersbereich deutlich und wenden sich explizit sowie durch die Aufmachung als Bilder- sowie Vorlesebuch schon an den Leseanfänger« (Dethloff: Mädchenpaare, Jungenpaare, S. 347). Der erste der beiden Texte ist eine Geschichte aus einem Erstlesebuch, der zweite – *Papas Freund* von Michael Willhoite – damit laut der Daten von Dethloff das erste Bilderbuch. Meine Recherche ergab, dass im selben Jahr ein weiterer Titel erschien (Pah, Sylvia/Schat, Joke: Zusammengehören. Ruhnmark: Donna Vita 1994.), definiert aber auch 1994 als das erste Erscheinungsjahr eines Bilderbuches mit LSBTI*-Figuren in Deutschland.

2.2 Die aktuelle gesellschaftliche Debatte:
Darf mit Kleinkindern über Familienvielfalt gesprochen werden?

Die rechtliche und soziale Situation für Regenbogenfamilien in Deutschland hat sich in den letzten zwanzig Jahren – vor allem mit der Einführung der Eingetragenen Lebenspartnerschaft 2001, der Stiefkindadoption[49] 2005 und der Sukzessivadoption[50] 2013 – deutlich verbessert.[51] Homosexualität wird in vielen Teilen der Gesellschaft, und damit mittlerweile auch im Buch, nicht mehr als Tabu-Thema empfunden, das zu brisant sei, um mit Kindern besprochen werden zu können.

Diese positiven Entwicklungen können zu dem Eindruck verleiten, für Kinder und Jugendliche, die in das LSBTI*-Spektrum fallen, gäbe es keinen Grund mehr, sich in der deutschen Gesellschaft diskriminiert zu fühlen. Studien aus den letzten Jahren beweisen aber das Gegenteil: 54% der Jugendlichen gaben in einer Studie der Humboldt-Universität Berlin[52] an, es wäre ihnen unangenehm, in einer Gruppe lesbischer Mädchen zu sein, 62% in einer Gruppe von schwulen Jungen. [53] Auch von einer Freundin zu erfahren, dass diese lesbisch ist, bewerteten 47% mit »unangenehm«.[54] Befragt wurden Schüler und Schülerinnen der 6. Klasse aller Schularten, wobei mehrheitlich Gymnasien vertreten waren. Eine Studie des Deutschen Jugendinstituts[55] zeigt, dass 70% der befragten homosexuellen Jugendlichen 2013 angaben, im Falle eines Outings Angst vor negativen Konsequenzen zu haben.[56] Befürchtet wurde vor allem die Ablehnung durch Familie oder Freunde, verletzende Bemerkungen oder Blicke, und Probleme in der Schule/Ausbildung/Uni/Arbeit.[57]

Auch um gerade diese schwierige und belastende Situation von Kindern und Jugendlichen, die (oder deren Eltern) in das LSBTI*-Spektrum fallen, zu

49 Die Möglichkeit innerhalb der Eingetragenen Lebenspartnerschaft das leibliche Kind des Partners oder der Partnerin anzunehmen.

50 Die Möglichkeit innerhalb der Eingetragenen Lebenspartnerschaft das adoptierte Kind des Partners oder der Partnerin anzunehmen.

51 Diese Abschlussarbeit wurde im Winter 2016/2017 verfasst. Eine Anmerkung zur Aktualität und Veränderungen wie der Öffnung der Ehe für gleichgeschlechtliche Paare ist im Nachwort zu finden.

52 Klocke, Ulrich: Akzeptanz sexueller Vielfalt an Berliner Schulen. Eine Befragung zu Verhalten, Einstellungen und Wissen zu LSBT und deren Einflussvariablen. Berlin: Senatsverwaltung für Bildung, Jugend und Wissenschaft 2012.

53 Vgl. ebd., S.57.

54 Vgl. ebd., S.57.

55 Abschlussbericht der Pilotstudie Lebenssituationen und Diskriminierungserfahrungen von homosexuellen Jugendlichen in Deutschland. München: Deutsches Jugendinstitut e. V. 2013.

56 Vgl. Lebenssituationen und Diskriminierungserfahrungen von homosexuellen Jugendlichen, S.27.

57 Vgl. ebd., S.27.

verbessern, wird ein inklusiverer Umgang mit den Themen »sexuelle Identität und Familienvielfalt« in einigen Bundesländern schrittweise in die Bildungspläne integriert. Diese Bemühungen stoßen teilweise auf große Proteste und Kritik. Imke Schmincke spricht in diesem Zusammenhang in ihrem 2013 erschienenen Aufsatz[58] von den »neue[n] konservative[n] Protestbewegungen [...], für welche die Gegnerschaft gegenüber Homosexualität und Geschlechtergleichheit konstitutiv zu sein scheint«[59]. Exemplarisch soll hier in aller Kürze Struktur, Umfang und Argumentation des Protests gegen den Bildungsplan in Baden-Württemberg, der Ende 2013 begann, dargestellt werden. Den Startpunkt des Protestes bildete eine Petition mit dem Titel *Zukunft – Verantwortung – Lernen: Kein Bildungsplan 2015 unter der Ideologie des Regenbogens*[60], die als Reaktion auf die in einem Arbeitspapier des Kultusministeriums Baden-Württembergs zum Bildungsplan 2015 beschlossene Thematisierung sexueller Vielfalt erstellt wurde. In der Beschreibung der Petition wird eben diese Thematisierung als »pädagogische, moralische und ideologische Umerziehung«[61] gedeutet. Nachdem die Petition Anfang 2014 bundesweit mediale Aufmerksamkeit erreichte und die Anzahl der gesammelten Unterschriften innerhalb weniger Wochen auf knapp 200.000 gestiegen war, legte die Landesregierung im April eine überarbeitete Version des Arbeitspapieres vor und verlängerte die Ausarbeitungsphase um ein Jahr.[62] Zeitgleich fanden – hauptsächlich in Stuttgart, aber auch in anderen Teilen Deutschlands – vom Verein *Besorgte Eltern* bzw. als *Demo für alle* von der *Initiative Familienschutz* organisierte Demonstrationen mit zum Teil mehreren tausend Teilnehmern statt.[63]

58 Schmincke, Imke: Das Kind als Chiffre politischer Auseinandersetzung am Beispiel neuer konservativer Protestbewegungen in Frankreich und Deutschland. In: Anti-Genderismus. Sexualität und Geschlecht als Schauplätze aktueller politischer Auseinandersetzungen. Herausgegeben von Sabine Hark und Paula-Irene Villa. Bielefeld: transcript 2015, S. 93–107.

59 Ebd, S. 94.

60 openPetition Deutschland. Zukunft – Verantwortung – Lernen: Kein Bildungsplan 2015 unter der Ideologie des Regenbogens, vom 18. Dezember 2016. https://www.openpetition.de/petition/online/zukunft-verantwortung-lernen-kein-bildungsplan-2015-unter-der-ideologie-des-regenbogens [09.01.2017].

61 Ebd.

62 Vgl. Schmincke: Das Kind als Chiffre, S. 96.

63 Bury, Mathias: Wieder Protest gegen sexuelle Vielfalt im Bildungsplan. Demo in Stuttgart. In: Stuttgarter Zeitung.de. vom 21. Juni 2015 http://www.stuttgarter-zeitung.de/inhalt.demo-in-stuttgart-wieder-protest-gegen-sexuelle-vielfalt-im-bildungsplan.42d6131a-9b89-4d3d-9ce0-0e7d2eeddbe6.html [09.01.2017].

Von besonderer Bedeutung für diese Arbeit ist dabei die Argumentationsweise innerhalb des Protests gegen die Vielfalt der Lebens- und Familienformen. Dieser Kampf »begründet sich [...] wesentlich mit der Referenz auf die Kinder und dem Schutz der Familie.«[64] Aufklärung wird abgelehnt, das Erwähnen von Homosexualität wird mit dem Begriff ›Frühsexualisierung‹ beschrieben, das Kind als noch-nicht-sexuelles Wesen definiert.[65] Dieser »Schutz des unschuldigen Kindes vor dem Thema Sexualität« bezieht sich dabei nicht auf das Thema ›Paarbeziehung‹ generell, sondern zielt nur auf die Erwähnung gleichgeschlechtlicher Beziehung ab. Anika Ullmann stellt beispielsweise in einer Analyse der US-amerikanischen Debatte über das Bilderbuch *King & King*[66] fest: »Mit der Veränderung der sexuellen Ausrichtung der Protagonisten erhält das Bilderbuch jedoch plötzlich sexuellen Gehalt und wird zum unangebrachten Lesestoff für Zweitklässler.«[67] Hat ein Kind im Bilderbuch Mutter und Vater, wird damit also Sex nicht thematisiert; hat hingegen ein Kind beispielsweise zwei Mütter, thematisiert nach dieser Argumentation das Buch sehr wohl Sex. Dem entgegengesetzt betonen Pädagogen, dass Kinder im Kindergarten-Alter (und damit im Bilderbuchalter) schon von sich aus in Kontakt mit dem Thema der gleichgeschlechtlichen Liebe kommen – vielleicht, weil beim ›Hochzeit-Spielen‹ ein Kind überlegt, ob es nicht auch den gleichgeschlechtlichen Freund oder die gleichgeschlechtliche Freundin heiraten könnte, oder wenn bei den älteren Kindern zum ersten Mal die Bezeichnung ›schwul‹ als Schimpfwort fällt.[68]

2.3 Anmerkungen zur gleichgeschlechtlichen Liebe im internationalen Bilderbuch

Die wenigen deutschsprachigen Artikel zum Bilderbuch, das gleichgeschlechtliche Elternschaft zeigt, beziehen sich häufig auf Titel und Ereignisse aus dem Ausland – größtenteils aus den USA.[69] Tatsächlich scheint der Erfolg der internationalen Titel auf dem jeweiligen ausländischen Bilderbuchmarkt für deutsche Verlage nicht uninteressant zu sein: So wurden zwischen 2001

---

64   Schmincke: Das Kind als Chiffre, S. 94.
65   Vgl. beispielsweise Ullman: Oh, Be Careful, Little Eyes, What You Read, S. 207-216.
66   Englische Übersetzung des niederländischen Titels *Koning & Koning*, in Deutschland als Haan/Stern: König & König erschienen.
67   Ullmann: Oh, Be Careful, Little Eyes, What You Read, S. 216.
68   Vgl. Gerlach: Sexuelle Identität – bedeutsam für kleine Kinder?, S. 209.
69   Beispielsweise Kalbermatten: Knurrende Enten und Bären mit Schnäbeln; und: Ullmann: Oh, Be Careful, Little Eyes, What You Read.

und 2010 mehrere Bilderbücher, die zuvor bereits im Ausland erfolgreich waren und das Thema gleichgeschlechtliche Elternschaft behandeln, auch in Deutschland veröffentlicht. Während fünf der achtzehn insgesamt aufgefundenen Titel Übersetzungen[70] sind (oder sich sehr stark an einem englischsprachigen Äquivalent orientieren[71]), ist das Verhältnis um einiges deutlicher, wenn nur die sechs Bilderbücher betrachtet werden, die in sogenannten »traditionellen« Verlagen erschienen: Vier dieser sechs Bücher sind Übersetzungen. Dabei stammt die Vorlage bzw. Originalausgabe von *Papas Freund* sowie von *Zwei Papas für Tango* aus den USA, von *König und König* aus den Niederlanden, und von *Luzie Libero und der süße Onkel* aus Schweden. Aufgrund der niedrigen Fallzahl kann aus dieser Erkenntnis zwar keine repräsentative Aussage gemacht werden, aber das Verhältnis der Übersetzungen ist hier beispielsweise nur leicht über dem von Dethloff berechneten Anteil der Übersetzungen von Kinder- und Jugendbüchern, die zwischen 1929 und 1994 erschienen und Homosexualität als Thema haben.[72]

Papas Freund, 1994 im *Magnus-Medien-Verlag* erschienen, wurde im englischsprachigen Original drei Jahre zuvor veröffentlicht und gilt auch in den USA als eines der ersten Kinderbücher, das gleichgeschlechtliche Elternschaft zeigt.[73] Im direkten Vergleich der beiden Länder wird also deutlich, dass mit nur geringen zeitlichen Abstand – in den USA ca. fünf Jahre[74] früher als in Deutschland – erste Bilderbücher mit Regenbogenfamilien erschienen.

70 Willhoite, Michael: Papas Freund. Berlin: Magnus-Medien-Verlag 1994; Haan/ Stern: König & König; Lindenbaum: Luzie Libero; und Hoffmann, Mary/ Asquith, Ros: Du gehörst dazu. Das große Buch der Familien. Frankfurt a. M.: FISCHER Sauerländer 2010.

71 Der Titel *Zwei Papas für Tango* (Schreiber-Wicke, Edith/ Holland, Carola: Zwei Papas für Tango: Stuttgart u. a.: Thienemann 2006.) hat sein Äquivalent im amerikanischen *And Tango Makes Three* (Parnell, Peter/ Richardson, Justin: And Tango Makes Three. New York: Simon & Schuster 2005). Beide Bilderbücher erzählen die gleiche wahre Begebenheit aus einem New Yorker Zoo, in dem zwei Pinguinmännchen ein Paar bildeten und schließlich auch ein verlassenes Ei ausbrüteten – also eine Pinguin-Regenbogenfamilie bildeten, die deutsche Ausgabe ist aber keine direkte Übersetzung der englischen Ausgabe.

72 Und auch die Herkunftsländer der Texte ähneln sich: Dethloff spricht von Übersetzungen aus »dem anglo-amerikanischen bzw. skandinavischen Raum«. Zitiert aus: Dethloff: Jungenpaare, Mädchenpaare, S. 346.

73 Vgl.: Foerstel, Herbert N.: Banned in the U.S.A. A Reference Guide to Book Censorship in Schools and Public Library. Rev. and expanded Ed. Westport/ London: Greenwood Press 2002, S. 214; außerdem zur Thematik auf dem amerikanischen Buchmarkt die grundlegende Forschung von Christine Jenkins, welche empirische Statistiken zum Erscheinen neuer Titel mit LSBTI*-Figuren in der amerikanischen Jugendliteratur veröffentlicht (u. a.: Cart, Michael/Christine A. Jenkins. The Heart Has Its Reason: Young Adult Literature With Gay/Lesbian/Queer Content, 1969-2004. Lanham, Maryland: The Scarecrow Press, 2006.)

74 Das wohl erste Buch war: Newman, Leslea: Heather Has Two Mommies. Selbstverlag: 1989.

Große Unterschiede gibt es aber in der weiteren Entwicklung: Einmal in der Hinsicht, dass sich in den USA das Angebot schnell erweiterte, und heute eine Bilderbuch-Auswahl von über 100 Titeln mit LSBT*-Figuren umfasst.[75] Ein weiterer unterscheidender Aspekt ist der Umfang der Kontroversen, die einige der Titel nach sich zogen. Das Bilderbuch *King & King* (König & König) war 2004, 2006 und 2007 Mittelpunkt landesweiter Diskussion[76], die maßgeblich als »Vermittlerkampf zwischen Lehrern, Eltern, Verlagen und Bibliothekaren«[77] stattfand, mehrmals vor Gericht ausgetragen wurde[78] und schließlich sogar Gegenstand eines Wahlkampfspots von Befürwortern der *Proposition 8*[79] war.[80] Die von der *American Library Association* veröffentlichten Daten zeigen, dass die Existenz, Verfügbarkeit oder Verbreitung von Bilderbüchern mit LSBTI*-Charakteren regelmäßig juristisch »angefochten« wurde. Die Originalausgabe von *Papas Freund*[81] liegt dabei für die Dekade 1990–1999 auf dem zweiten Platz aller in den USA erschienenen Titel[82], die juristisch angefochten wurden. *And Tango Makes Three* stand in den Jahren nach seinem Erscheinen regelmäßig an der Spitze des Jahresvergleichs.[83]

<hr>

75 Eine Übersicht ist beispielsweise auf der Plattform goodreads.com zusammengestellt worden und präsentiert 115 Bücher: Goodreads, Listopia. Beyond Heather Has Two Mommies: Picture Books with LGBT Parents. 2013. http://www.goodreads.com/list/show/44449.Beyond_Heather_Has_Two_Mommies_Picture_Books_with_LGBT_Parents [09.01.2017].

76 Vgl. Ullmann: Oh, Be Careful, Little Eyes, What You Read, S. 211-216.

77 Ebd, S. 212.

78 Dies betraf vor allem Versuche, das Vorlesen des Buches in der Schule oder die Existenz des Buches an Orten, zu denen Kinder Zugang haben, zu verbieten. Vgl. ebd, S. 211–216.

79 Ein Antrag zur Änderung der kalifornischen Verfassung per Referendum von Gegnern der gleichgeschlechtlichen Ehe mit dem Ziel, gleichgeschlechtliche Ehen nicht länger staatlich anzuerkennen. Am 5. November 2008 trat er in Kraft, wurde aber durch den Supreme Court 2013 für verfassungswidrig erklärt.

80 Der Spot »It's Already Happened« ist online unter dem Youtube-Kanal *VoteYesonProp8* verfügbar: Youtube. Yes on 8 TV Ad: It's Already Happened vom 07. Oktober 2008. https://www.youtube.com/watch?v=oPgjcgqFYP4 [09.01.2017].

81 Willhoite, Michael: Daddy's Roommate. New York: Alyson Books 1991.

82 American Library Association. 100 most frequently challenged books: 1990–1999. http://www.ala.org/bbooks/100-most-frequently-challenged-books-1990–1999 [09.01.2017].

83 Vgl. Caywood, Carolyn: Using the OIF database for »What's so Scary about Tango«. In: Intellectual Freedom Roundtable Report of the American Library Association 73 (2010) 4., S. 2–3.

3 MOTIVATION, ZIELE UND ANNAHMEN DER AKTEURE

3.1 Verleger, Selfpublisher und Autoren

»Jedes Kind hat ein Lieblingsbuch verdient. Eine Geschichte, an der es sich orientieren kann. Unser Wunsch ist es, ein Buch zum Leben zu erwecken, in dem sich ein Kind zum ersten Mal wiederfindet.«[84] Dieses Zitat repräsentiert eines der beiden hauptsächlichen Ziele, die sich aus den Aussagen vieler Autoren und Selbstverleger von Bilderbüchern mit Regenbogenfamilien herauskristallisieren. Es stammt aus der Crowdfunding-Kampagne für das noch nicht erschienene Bilderbuch *Mio und Freda* (Mio hat zwei Mütter), das 2016 erfolgreich finanziert wurde.[85] Das gleiche Argument, nämlich das der Identifikationsmöglichkeit für Kinder aus Regenbogenfamilien, ist auf dem Internetauftritt des Selbstverlags *MARDI-Verlag* von Dirk Zehender zum Titel *Inga und der verschwundene Wurm*[86] (Abb. 1) zu lesen[87]. Und auch der Verleger des Klein- oder Nischenverlags[88] *Nono Verlag (Verlag für*

---

84   Startnext. Mio & Freda – Ein modernes Kinderbuch. https://www.startnext.com/mio-and-freda [09.01.2017].

85   Kalina, Sabine / Rother, Svenja: Mio und Freda. Die abgelaufene Crowdfunding-Kampagne ist unter: Startnext. Mio & Freda – Ein modernes Kinderbuch. https://www.startnext.com/mio-and-freda [09.01.2017] zu finden. Hinweis zur Aktualität im Nachwort.

86   Zehender, Dirk / Sadr, Soheyla: Inga und der verschwundene Wurm. [Hanstedt]: Mardi-Verlag 2011.

87   »Kinder aus traditionellen Familien bekommen auf dem Büchermarkt unendlich viele Identifikationshilfen. Für Kinder aus anderen Familienformen ist das deutschsprachige Angebot an Büchern, in denen sie sich und ihre Familien wiederfinden, sehr gering.« Mardi-Verlag. Buch-Idee. Inga und der verschwundene Wurm. http://www.mardi-verlag.de/inga/buch-idee.html [09.01.2017].

88   Die Abgrenzung der hier genutzten Verlagstypen ist nicht unproblematisch, die Begriffe transportieren aber wichtige Informationen innerhalb dieser Arbeit. Ich orientiere mich bei der Bestimmung des Verlagstypens (im Sinne des Wirtschaftsprinzips, unabhängig vom Genre der produzierten Bücher) an der Definition aus Rautenberg(Hrsg.): Reclams Sachlexikon des Buches, S.228. Vgl. auch Hiller/ Füssel: Wörterbuch des Buches, S.222.

Abb. 1: Inga und der verschwundene Wurm © MARDI 2011

Abb. 2: Wie heiraten eigentlich Trockennasenaffen? © kwasi verlag 2015

nicht-normative Kinderbücher) Ben Böttger formuliert in einem Zeitungsinterview, er »möchte Kindern zeigen, dass sie mit ihren Wünschen und Bedürfnissen einen Platz haben können in der Welt und nicht denken müssen, sie müssten sich verbiegen.«[89]

Ein zweites, etwas seltener formuliertes Ziel betrifft nicht die Kinder aus Regenbogenfamilien als Zielgruppe, sondern die mit verschiedengeschlechtlichen Eltern. Diese würden nämlich durch das »äußerst gering[e]«[90] Angebot in Deutschland »kaum Gelegenheit haben, die Lebenssituation von Kindern aus Regenbogenfamilien, die ihre Freunde im Kindergarten oder in der Schule sein können, durch Bücher kennenzulernen«[91]. Der Selbstverlag *Atelier Neundreiviertel* führt beide genannten Ziele in seinem Verlags-Selbstverständnis zusammen: »Für Regenbogenkinder ist es stärkend, Geschichten zu lesen, in denen sie vorkommen. Und für alle anderen eine Bereicherung, über den Tellerrand zu schauen [...]«.[92]

Beide relevante Crowdfunding-Kampagnen verfolgen unter anderem den Wunsch[93], die Familienform nicht zu thematisieren oder zu erklären, sondern als selbstverständlichen Bestandteil der Welt des Kindes zu zeigen:

89   Waldmann, Nancy: Wir verkehren nicht die Realität. Nicht normative Kinderbücher. In: Taz.de. vom 26. Dezember 2012. http://www.taz.de/!5076579/ [09.01.2017].

90   Mardi-Verlag. Buch-Idee. So lebe ich… und wie lebst du?. http://www.mardi-verlag.de/pages/ buch-idee.html [09.01.2017].

91   Ebd.

92   Atelier Neundreiviertel. Website. http://www.atelier-neundreiviertel.de [09.01.2017].

93   Der Aspekt der »Selbstverständlichkeit« wird auch von vielen anderen Autoren aufgegriffen, so zum Beispiel in bei Schmitz-Weicht, Cai/ Schmitz, Ka: Hallo, wer bist denn du? Darmstadt: Atelier Neundreiviertel 2012.: »Eine Geschichte, die lange Spaß macht, sich endlos variieren lässt und die genauso selbstverständlich von Mama und Mami erzählt, wie viele andere Bücher von Mama-Papa-Kind-Familien.« Atelier Neundreiviertel. Bücher für Regenbogenfamilien & mehr. Hallo, wer bist

> *Wir brauchen Kinderbücher, die erklären. Was wir aber vor allem*
> *brauchen sind Kinderbücher, die nicht erklären. Wie wäre es, wenn*
> *wir die kindlichen Abenteuer dieser Welt aus einer Regenbogenfamili-*
> *en-Perspektive begehen? Einer, die nicht erklärt werden muss, weil sie so*
> *wahr ist, wie jede andere auch.*[94]

Die beiden Mütter des Protagonisten Matti sollen »ebenso selbstverständlich zu seiner Welt gehören wie sein Affe Alfred und seine Freundin Fina.«[95]
Sandra Schmid, Initiatorin des Buchprojekts *Wie heiraten eigentlich Trockennasenaffen?* (Abb. 2) berichtet auf der Website der Crowdfunding-Kampagne
von ihrer Recherche nach Bilderbüchern dieser Art. Sie habe bei der Suche
nach Büchern für ihren Sohn feststellen müssen, dass zwar Titel existieren,
die »erklären, wie Regenbogenfamilien entstehen oder aufzeigen, dass auch
Regenbogenfamilien ›ganz normal‹ sind«,[96] aber sie habe keine Bücher gefunden, in denen diese Familienform eine Selbstverständlichkeit ist. Auf
Basis dieser These soll in der späteren Analyse des Bilderbuchangebots untersucht werden, wie in den Büchern mit ›der Andersartigkeit‹ der Regenbogenfamilie umgegangen wird. Diese Untersuchung wird darüber hinaus
chronologisch nach Veröffentlichungsdatum der Bücher erfolgen, um so
mögliche Entwicklungen in der Darstellung von Regenbogenfamilien nach-
vollziehen zu können. Liegt ein Trend hin zur »Selbstverständlichkeit« der
Regenbogenfamilien vor? Oder hat Sandra Schmid recht, wenn sie aussagt:
»Es gibt keine Bilderbücher, in denen ganz selbstverständlich eine Regenbogenfamilie vorkommt – Kinder mit zwei Müttern zum Beispiel«[97]?

Ben Böttger, Verleger des *Nono Verlags* erklärt: »Uns ist wichtig, dass
Figuren, die gängigen Normen nicht entsprechen, sich nicht erst beweisen müssen, um anerkannt zu werden. Weil das diskriminierend ist. Auch
wenn in der Realität natürlich Leute diskriminiert werden.«[98] In dieser Aussage steht ein weiterer wichtiger Aspekt im Vordergrund: Nicht nur ob der

---

denn du? http://www.atelier-neundreiviertel.de/bilderbuecher-regenbogenfamilien/hallo-wer-bist-
    denn-du/ [09.01.2017].
94   Startnext. Mio & Freda – Ein modernes Kinderbuch. https://www.startnext.com/mio-and-freda
    [09.01.2017].
95   Ebd.
96   Ebd.
97   Wemakeit. Regenbogenfamilie – Kinderbuch. https://wemakeit.com/projects/
    regenbogenfamilie-kinderbuch [09.01.2017].
98   Waldmann, Nancy: Wir verkehren nicht die Realität. Nicht normative Kinderbücher. Taz.de vom
    26. Dezember 2012. http://www.taz.de/!5076579/ [09.01.2017].

›Normverstoß‹ im Bilderbuch thematisiert und kommentiert wird spielt für den Verleger, der auch die alternative Familienform der Regenbogenfamilie im Kinderbuch abbildet, eine Rolle; sondern auch die Frage danach, inwiefern beispielsweise die Charaktere innerhalb dieser Familie die Freiheit haben, nicht ausschließlich Vorbild für die Minderheit, der sie angehören, sein zu müssen.

Im Vergleich mit diesen explizit formulierten Vorstellungen der Selbstverleger und Nischenverlage über den Nutzen, den ihre Bilderbücher haben sollen, machen die größeren Verlage im »traditionellen« Sinne deutlich weniger Aussagen zu dem anvisierten ›pädagogischen Zweck‹ ihrer Bücher. Der *König & König* verlegende *Gerstenberg Verlag* beispielsweise thematisiert das Thema Homosexualität auf der Webseite des Titels unter dem Internetauftritt des Verlags nicht, bei *Luzie Libero und der süße Onkel*[99] übernehmen dies drei der acht Ausschnitte aus Rezensionen. Der Thienemann Verlag veröffentlichte im Januar 2017 *Zwei Papas für Tango*[100] erneut – und in der entsprechenden Verlagsvorschau finden sich diesmal auch Hinweise zum ›pädagogischen Nutzwert‹ des Buches. Verkaufsargumente sind neben dem schon erfolgreichen Autoren-Illustratoren-Paar nicht nur die »vielfache Nachfrage« danach, den Titel wieder lieferbar zu machen, sondern auch die Erklärung »Wichtiges gesellschaftliches Thema: homosexuelle Lebensgemeinschaften.«[101] Auf der Webseite des Titels wird die Inhaltsangabe um das Argument »Diese Geschichte, die sich im New Yorker Zoo tatsächlich zugetragen hat, macht Kinder mit neuen Familienformen bekannt«[102] ergänzt.

3.2 Öffentliche Rezeption durch verbreitende Institutionen sowie durch Leser

Das vorherige Kapitel behandelte die Aussagen der Verleger und Autoren darüber, welche Ziele sie mit den hier behandelten Bilderbüchern verfolgen und welche Wirkung sie intendieren. Genauso sind auch die Aussagen, die von Bilderbücher verbreitenden Institutionen und Organisationen

---

99   Lindenbaum: Luzie Libero.

100   Schreiber-Wicke/ Holland: Zwei Papas für Tango. Bis Januar 2017 war der Titel nicht lieferbar, gebraucht wurde er für 50 €–60 € gehandelt: amazon.de. Bücher. Zwei Papas für Tango. Rezensionen. https://www.amazon.de/Zwei-Papas-Tango-Edith-Schreiber-Wicke/dp/3522435281 [09.01.2017].

101   Thienemann-Esslinger. Vorschau Frühjahr 2017. http://www.thienemann-esslinger.de/fileadmin/ Thienemann-Esslinger_Verlag_GmbH/Handel/Vorschauen/TV/TV_Vorschau_F17_Ansicht_Web.pdf, S. 19. [09.01.2017].

102   Thienemann-Esslinger. Bücher – Zwei Papas für Tango. http://www.thienemann-esslinger.de/ thienemann/buecher/buchdetailseite/zwei-papas-fuer-tango-isbn-978-3-522-45847-4/ [09.01.2017].

sowie vom Lesern und Käufern selbst über die Rezeption der Bücher getroffen werden, bedeutend für die Analyse des Bilderbuchangebots. Dabei wird der bedeutende Aspekt der Buchwirkung zwar angesprochen, hier können aber aufgrund des gegenwärtigen Stands der Forschung kaum gesicherte Erkenntnisse und Antworten gegeben werden, sodass es bei Vermutungen bleiben muss. Dass die Forschung zu »Rezeption und Verarbeitung von Bild und Text durch Kinder«[103] noch große Lücken aufweist, formulierte beispielsweise der Kunst- und Medienwissenschaftler Jens Thiele: »Die gesamte Kinderbuchszene [...] spekuliert, oft in erstaunlich naiver und stereotyper Form, über kindliche Wahrnehmungsbedingungen und -bedürfnisse«.[104]

Auffällig sind die zahlreichen Buchempfehlungslisten, die unter anderem durch verschiedene Institute, Organisationen, Verbände und auch private Webseiten im Internet geteilt werden.[105] Diese Literaturlisten sind pädagogisch motiviert und erhoffen sich die Vermittlung von Werten, die sie in den genutzten Büchern repräsentiert sehen. Ein Beispiel für ein pädagogisch motiviertes Vorhaben dieser Art ist der zu Beginn angesprochene *Kita-Koffer »Familien- und Lebensvielfalt«*[106], welcher von dem Verein *QueerNet Rheinland-Pfalz e. V.* in Kooperation mit der *Initiative lesbischer und schwuler Eltern (ILSE)* erarbeitet wurde. Das Projekt wird vom *Ministerium für Integration, Familie, Kinder, Jugend und Frauen* des Landes Rheinland-Pfalz unterstützt. Nach einem Jahr zog dieses eine »positive Bilanz«[107]: In der entsprechenden Pressemeldung wurde Joachim Schulte, Sprecher von *QueerNet Rheinland-Pfalz e. V.* zitiert, der von einer »großen Nachfrage«[108] und dem dadurch begründeten Anschaffen weiterer Medienkoffer berichtete.[109] Als Ziel des Einsatzes der zusammengestellten Bilderbücher in Kindertagesstät-

---

103 Thiele, Jens: Neue Impulse der Bilderbuchforschung. Fragestellungen der Tagung. In: Neue Impulse der Bilderbuchforschung. Wissenschaftliche Tagung der Forschungsstelle Kinder- und Jugendliteratur der Carl von Ossietzky Universität Oldenburg. Hrsg. von Jens Thiele. Schneider Verlag Hohengehren GmbH: Baltmannsweiler 2007, S. 11.

104 Ebd.

105 An dieser Stelle soll darauf verzichtet werden, ein weiteres Mal einen Überblick über diese Literaturlisten zu geben, stattdessen wird auf die entsprechende Textstelle in Kapitel 1.3: Methodisches Vorgehen bei der Materialauswahl verwiesen.

106 Queernet Rheinland-Pfalz e.V. Projekte. Kita-Koffer. http://www.queernet-rlp.de/projekte/kita-koffer [09.01.2017].

107 Kita-Server. Positive Bilanz nach einem Jahr: Kita-Koffer fördert vorurteilsfreies Miteinander. In: Kita-Server am 09. Juli 2015. https://kita.bildung-rp.de/Nachrichten.180+M54ef9750be0.0.html?&tx_ttnews%5Btt_news%5D=296 [09.01.2017].

108 Ebd.

109 Vgl. ebd.

ten formulierte Familienministerin Irene Alt, man wolle dadurch den »vorurteilsfreien Umgang mit Familien- und Lebensvielfalt [...] fördern«.[110] Die Soziologin und Direktorin des *Berliner Kita-Instituts für Qualitätsentwicklung (BeKi)* Christa Preissing kommentiert die Bedeutung des Buchangebots von Kindergärten in ihrem Artikel *Vorurteilsbewusste Bildung und Erziehung im Kindergarten*[111]:

> *Welche Familienbilder werden den Kindern über Bilderbücher und andere Medien präsentiert, die im Kindergarten genutzt werden? [...] Auch hierin zeigt sich, welche Norm der Kindergarten vertritt. Passen alle Kinder, passt die Vielfalt der realen Familienverhältnisse in diese Norm oder wird einzelnen Kindern signalisiert, dass sie bzw. ihre Familien »nicht normal« sind?*[112]

Projekte wie der *Kita-Koffer »Familien- und Lebensvielfalt«* lösen innerhalb der in Kapitel 2.2 vorgestellten, in Bezug auf Homosexualität aufklärungsfeindlichen Gruppierungen starke Proteste aus, die neben den Diskussionen in sozialen Netzwerken auch auf entsprechenden Webseiten[113] ausgetragen werden. Dabei ist das Vokabular vergleichbar mit dem der in Kapitel 2.3 angesprochenen US-amerikanischen Proteste gegen das Vorlesen oder Zugänglichmachen des Bilderbuchs *König & König (King & King)* in Grundschulen, wie Anika Ullman im Beitrag *Oh, Be Careful, Little Eyes, What You Read. King & King und das noch-nicht-heterosexuelle Kind*[114] analysiert: Die

---

110 Kita-Server. Positive Bilanz nach einem Jahr: Kita-Koffer fördert vorurteilsfreies Miteinander. https://kita.bildung-rp.de/Nachrichten.180+M54ef975obeo.o.html?&tx_ttnews%5Btt_news%5D=296 [09.01.2017].

111 Preissing, Christa: Vorurteilsbewusste Bildung und Erziehung im Kindergarten. Ein Konzept für die Wertschätzung von Vielfalt und gegen Toleranz. In: Kleine Kinder – keine Vorurteile? Interkulturelle und vorurteilsbewusste Arbeit in Kindertageseinrichtungen. Hrsg. von Christa Preissing/Petra Wagner. Freiburg im Breisgau u. a.: Herder 2003, S. 12–33.

112 Ebd, S. 19–20.

113 Als Reaktion über den Kita-Koffer in Rheinland-Pfalz wurden beispielsweise diese Artikel veröffentlicht:
– Familien-Schutz.de. Lobbygruppen entwickeln Kita-Koffer: Kinder sollen Vielfalt akzeptieren. In: familien-schutz.de. vom 27. Mai 2014. http://www.familien-schutz.de/2014/05/27/lobbygruppen-entwickeln-kita-koffer-kinder-sollen-vielfalt-akzeptieren [09.01.2017].
– Kreidfeuer.wordpress.com: Rheinland-Pfalz: Kita-Koffer für Gender-Propaganda. In: Kreidfeuer. wordpress.com vom 01. Juni 2014. https://kreidfeuer.wordpress.com/2014/06/01/rheinland-pfalz-kita-koffer-fuer-gender-propaganda [09.01.2017].

114 Ullmann: Oh, Be Careful, Little Eyes, What You Read.

Gegner des Bilderbuchs sprechen demnach von »Lobbygruppen«[115], welche in einem »ideologiegetränkten Staat«[116] das Ziel hätten »[d]ie Kleinsten indoktrinieren und verunsichern«[117] zu wollen. Mit einer weniger extremen Terminologie scheint diese Haltung gegenüber einer Thematisierung auch salonfähig zu sein. So veröffentlichte beispielsweise die *Frankfurter Allgemeinen Zeitung* im Herbst 2014 einen Artikel, der Stimmung gegen die »fächerübergreifende Darstellung der sexuellen Vielfalt«[118] macht, und kritisch von einem Schulbuch für den Mathematikunterricht berichtet, in dem laut Artikel eine Regenbogenfamilie abgebildet sein soll, aber keine Familie mit heterosexuellem Elternpaar.[119]

Während die beiden Positionen hinsichtlich ihrer vertretenen Werte und ihres Ziels entgegensetzte Pole bilden, haben sie auch eine Gemeinsamkeit beim Sprechen über die Buchrezeption von Kindern: Sie gehen von einer unmittelbaren Wirkung aus, die die Inhalte auf das damit konfrontierte Kind haben. Wie in der Einleitung dieses Kapitels angesprochen, ist der Bereich der Buchwirkungsforschung bei Kindern – in den die Überprüfung dieser Annahmen fallen würde – ein noch weniger erforschtes Gebiet, als einige der hier vorgetragenen Argumente vermuten lassen würden.

Es ist offensichtlich, dass Lebens- und Familienvielfalt für Teile der Gesellschaft (immer noch) ein in Bilderbüchern zu tabuisierendes Thema darstellt. Im Werk *Das Bilderbuch. Ästhetik – Theorie – Analyse – Didaktik – Rezeption* beschreibt Jens Thiele im Jahr 2000 den Wunsch vieler Erwachsener, Kindheit zu einem Schutzraum zu erklären, und deswegen als überfordernd und belastend empfundene Themen – Thiele nennt hier vor allem Tod und Gewalt – nicht im Bilderbuch erscheinen zu lassen.[120] Diese Schutzfunktion und die damit teilweise verbundene Verklärung von Kindheit ist dem Bilderbuch auch heute nicht abzusprechen. Gleichzeitig scheint aber auch eine gegenläufige Tendenz zu existieren. Gerade zum Thema Krieg und Flucht erscheinen beispielsweise aufgrund der Aktualität des Themas zurzeit zahlreiche, auch erfolgreiche Kinderbücher.[121] Bilderbücher zu beiden Themen-

---

115 Familien-Schutz.de. Lobbygruppen entwickeln Kita-Koffer: Kinder sollen Vielfalt akzeptieren.

116 Kreidfeuer.wordpress.com. Rheinland-Pfalz: Kita-Koffer für Sender Propaganda.

117 Ebd.

118 Martens, Michael: Unter dem Deckmantel der Vielfalt. Sexualaufklärung in Schulen. In: Frankfurter Allgemeine.net vom 14. Oktober 2014. http://www.faz.net/aktuell/politik/inland/experten-warnen-vor-zu-frueher-aufklaerung-von-kindern-13203307-p2.html [09.01.2017].

119 Ebd.

120 Vgl. Thiele: Das Bilderbuch, S. 164.

121 Beispielsweise Boie, Kirsten/ Birck, Jan: Bestimmt wird alles gut. Leipzig: Klett Kinderbuch 2016.

bereichen könnten für einen Teil der Buchkäufer eine gemeinsame Funktion haben: Viele Bilderbuchvermittler – in erster Linie Eltern und Kindergärtner – möchten die hier besprochenen Bilderbücher nicht primär zur Unterhaltung der Kinder, sondern als Utensil nutzen, um Kindern Regenbogenfamilien zu erklären oder über die Entstehung ihrer eigenen Familie ins Gespräch zu kommen. Statt dem Unterhaltungswert oder dem künstlerisch-ästhetischen Anspruch an das Bilderbuch steht also bei der Kaufentscheidung möglicherweise häufig vor allem das Bedürfnis der Erwachsenen nach einer Hilfestellung für das Gespräch über Themen im Vordergrund, die die erwachsenen Personen unsicher machen oder die zumindest teilweise in der Gesellschaft tabuisiert sind.[122]

Um einen Eindruck von der Verkäuflichkeit von Bilderbüchern mit Regenbogenfamilien zu gewinnen, könnte der Erfolg der zwei Crowdfunding-Kampagnen für die Bilderbücher *Wie heiraten eigentlich Trockennasenaffen?*[123] und *Mio und Freda*[124], die in 2016 und 2015 auf den Plattformen *wemakeit.com* und *startnext.com* stattfanden, ein Indiz sein. Die sehr ähnlichen Finanzierungsziele von 9.900 € und 10.000 € wurden bei beiden Projekten mit ebenfalls beinahe gleichen Endsummen von 13.250 € und 13.222 € deutlich überschritten. Das Bilderbuch *Mio und Freda* (Abb. 3) haben im Rahmen dieser Kampagne bereits 266 Personen zum »Preis« – also der unterstützenden Summe – von 25 € bestellt, obwohl dieser Subskriptionspreis nicht mit einer Ermäßigung beworben wurde.

Mehr Informationen über die Wünsche und das Verhalten der Käufer finden sich unter anderem in Kundenrezensionen, beispielsweise auf den jeweiligen Webseiten der einzel-

Abb. 3: Mio und Freda
© *Sabine Kalina & Svenja Rother*

---

122 Vgl. Fuhs, Burkhard: Brauchen Kinder (noch) die Werte, wie sie im Bilderbuch vermittelt werden? In: Neue Impulse der Bilderbuchforschung. Wissenschaftliche Tagung der Forschungsstelle Kinder- und Jugendliteratur der Carl von Ossietzky Universität Oldenburg. Hrsg. von Jens Thiele. Schneider Verlag Hohengehren GmbH: Baltmannsweiler 2007, S. 28; sowie Gerlach: Sexuelle Identität – bedeutsam für kleine Kinder?, S. 209.

123 Voigt, Ina/ Gleich, Jacky: Wie heiraten eigentlich Trockennasenaffen? Bern: Kwasi Verlag 2015.

124 Kalina, Sabine / Rother, Svenja: Mio und Freda. Die abgelaufene Crowdfunding-Kampagne ist unter: Startnext. Mio & Freda – Ein modernes Kinderbuch. https://www.startnext.com/mio-and-freda [09.01.2017] zu finden.

nen Bilderbücher, auf der Plattform *amazon.de*, aber auch auf den Verlagswebseiten der Selbstverleger. Aufschluss geben außerdem Diskussionen über Buchtipps in Foren für Regenbogenfamilien.[125] Als vorsichtige These kann bei der Analyse dieser Beurteilungen und Diskussionen festgestellt werden, dass einerseits von gleichgeschlechtlichen Eltern gezielt nach Bilderbüchern gesucht wird, anhand derer sie ihren Kindern die Entstehung der eigenen Familie erklären können.[126] Andererseits wird kritisiert, wie auch von den Autoren und Verlegern schon formuliert, wie problemorientiert und wenig selbstverständlich viele der Bilderbücher mit der Familienform Regenbogenfamilie umgehen.[127]

3.3 Fachpresse

In Beiträgen und Rezensionen der Fachpresse zur Kinder- und Jugendliteratur wird von dem »sich insgesamt gewandelten Blick auf die Institution Familie, der sich auch in der Literatur spiegelt« gesprochen. Das Bilderbuchfamilien heute nicht mehr ausschließlich aus Vater, Mutter und zwei Kindern in ihren stereotypen Rollenbildern bestehen müssen, sondern auch abweichende Konstellationen zumindest vorkommen sollten, ist ein seit einigen Jahren erläuterter Konsens.[128] Wie wird über Bilderbücher, die LSBTI*-Figuren beinhalten, in Fachzeitschriften gesprochen?

Neben zwei Begründungen für verliehene Buchpreise wurden hierfür vor allem Archive und Verzeichnisse von *JuLit (Arbeitskreis für Jugendliteratur)*, *Eselsohr*, *InterJuli* und *1000 und 1 Buch* sowie die Datenbank *Bibliographie des Jahrbuchs Kinder- und Jugendliteraturforschung* des *Instituts für Jugendbuchforschung* an der *Goethe Universität Frankfurt am Main* durchgesehen.

---

125 Unter anderem hier: Eltern. Forum. Leben mit Kind. Regenbogenfamilien. Die Geschichte unserer Familie. 2009. http://www.eltern.de/foren/regenbogenfamilien/654369-kinderbuecher-fuer-regenbogenkinder.html [09.01.2017].

126 Beispielsweise ersichtlich in diesem Forengespräch aus dem Jahr 2009, in dem Forenmitglieder überlegen, welche Bücher sie sich wünschen: Eltern. Forum. Leben mit Kind. Regenbogenfamilien. Die Geschichte unserer Familie. 2009. http://www.eltern.de/foren/regenbogenfamilien/654369-kinderbuecher-fuer-regenbogenkinder.html [09.01.2017].

127 Beispielsweise hier: Mardi-Verlag. Stimmen. Stimmen zum Buch. http://www.mardi-verlag.de/pages/stimmen.html [09.01.2017].

128 Beispielsweise in den Zeitschriften: *JuLit* und *Eselsohr*. Blume, Bruno: Familien in allen Lebenslagen. Neue Bilderbücher zum Thema. In: JuLit – Arbeitskreis für Jugendliteratur (2005) Heft 03/05, S.26–30; Klötzer, Marion: Moderne Familienbilder im Bilderbuch. In: Eselsohr. Fachzeitschrift für Kinder- und Jugendliteratur (2011), Heft 02/11, S.20; oder auch zu sehen bei der Ausstellung »Alles Familie! Familiendarstellungen in aktuellen Bilderbüchern« der Internationalen Jugendbibliothek München, die erstmals 2011 präsentiert wurde.

Es besteht kein Anspruch auf Vollständigkeit, denn ein repräsentatives Bild zur Rezeption von Familienvielfalt im Bilderbuch innerhalb der gesamten deutschsprachigen Fachpresse zu erarbeiten, würde den Rahmen dieser Arbeit deutlich überschreiten.

Bei den angesprochenen Buchpreisen handelt es sich um den Deutschen Jugendliteraturpreis 2011 in der Kategorie Sachbuch für Alles Familie! und den Preis der Kinderjury beim Österreichischen Kinder- und Jugendbuchpreis 2007 für Zwei Papas für Tango.

Die Fachzeitschriften zum Kinder- und Jugendbuch veröffentlichen beinahe alle Themenhefte über Familie und Familienformen, und während einzelne Regenbogenfamilien in diesem Rahmen nicht thematisierten[129], lassen sich in anderen Heften mit diesem Schwerpunktthema auch Erwähnungen von Büchern – sogar Bilderbüchern – mit Regenbogenfamilien finden. Einen dieser Artikel schrieb 2005 Bruno Blume: In *Familie in allen Lebenslagen. Neue Bilderbücher zum Thema*[130] rezensiert er die hier ebenfalls aufgenommenen Titel *Komm, ich zeig dir meine Eltern*[131] und *König & König*[132]. Eine weitere Rezension von Blume lässt sich auf dem Internetauftritt des *Schweizerischem Institut für Kinder- und Jugendmedien*[133] finden: Hier rezensiert er das Bilderbuch *Zwei Papas für Tango*[134]. Bruno Blume war 2015 als Verleger des *kwasi Verlags* mitbeteiligt an der Veröffentlichung von *Wie heiraten eigentlich Trockennasenaffen?*[135].

Im Jahr 2011 erschien in der Fachzeitschrift für Kinder- und Jugendmedien *Eselsohr* der Beitrag *Moderne Familienbilder im Bilderbuch*[136] von Marion Klötzer. Er bespricht vier Kinderbücher, darunter die beiden vergleichbaren Sachbilderbücher *Alles Familie!* und *Du gehörst dazu: Das große Buch der Familien*, die auch Regenbogenfamilien abbilden und damit ebenfalls Teil des in dieser Arbeit untersuchten Materials sind.

---

129 Beispielsweise das Themenheft »Familienbande« der Zeitschrift *1000 und 1 Buch – Das Magazin für Kinder- und Jugendliteratur*, erschienen 2016.
130 Blume: Familien in allen Lebenslagen, S. 26–30.
131 Link, Michael/ Schöneich, Sabine: Komm, ich zeig dir meine Eltern: Hamburg: Ed. Riesenrad 2002.
132 Haan/ Stern: König & König.
133 Schweizerisches Institut für Kinder- und Jugendmedien. Rezensionen. Datenbank. Zwei Papas für Tango. http://www.sikjm.ch/rezensionen/datenbank/?id=826&c=1&author=carola%20holland%20 (Illustration [09.01.2017].
134 Schreiber-Wicke/ Holland: Zwei Papas für Tango.
135 Voigt/ Gleich: Wie heiraten eigentlich Trockennasenaffen?
136 Klötzer: Moderne Familienbilder im Bilderbuch, S. 20.

Im Katalog *Alles Familie! Familiendarstellungen in aktuellen Bilderbüchern*[137] (2015) zur entsprechenden Ausstellung der *Internationalen Jugendbibliothek* in München findet sich bei der Beschreibung von *Wie heiraten eigentlich Trockennasenaffen?*[138] wieder die schon häufig genutzte Formulierung, das Buch würde die Regenbogenfamilie »als etwa Selbstverständliches«[139] darstellen.

Es lässt sich also festhalten, dass Bilderbücher, die gleichgeschlechtliche Partnerschaften zeigen, von den Fachzeitschriften nicht gänzlich unerwähnt bleiben. Dabei bleibt es aber nach ersten Beobachtungen häufig bei der (stets wohlwollenden) Erwähnung innerhalb von Rezensionen und Buchpreis-Begründungen. Tiefergehende inhaltliche Besprechungen scheinen selten zu sein. Bruno Blumes Besprechung von *zwei Papas für Tango*[140] bildet hier eine Ausnahme: Blume analysiert den Umgang der Autorin mit dem Thema »Normalität und Anders-Sein« und stellt fest, dass die Autorin mit ihrer Formulierung, das Pinguinjunge Tango »betrachte verdutzt seine beiden hüpfenden Väter«[141] andeute, »dass das geschlüpfte Pinguinbaby Tango die Normabweichung bemerkt habe«. Jens Thiele kritisiert, dass bei Beurteilungen von Bilderbüchern zu Themen, von denen Erwachsene vermuten, sie könnten Kinder fordern – oder sogar überfordern – die Art der Illustrationen häufig irrelevant für die Einschätzung der Wirkung sei. Es werde »eigenartigerweise nicht mehr differenziert nach dem Grad der Zeichenhaftigkeit oder Symbolhaftigkeit der Darstellung«[142]. Dieser Effekt ist bei den gelesenen Rezensionen nicht eingetroffen: Sowohl Marion Klötzer als auch Bruno Blume gehen, wenn auch nur knapp, auf den Stil der Illustrationen ein.[143]

Die innerhalb dieser drei Kapitel erläuterten Aussagen der Akteure über das aktuelle Angebot im deutschsprachigen Bilderbuchmarkt müssen für die folgende Analyse in anwendbare Kriterien oder überprüfbare Behauptungen umgewandelt werden. Als erstes soll dabei die in einigen Zeitungs- und Fachpressebeiträgen aufgestellte These überprüft werden, der zufolge es bei Neuerscheinungen – auch im Bilderbuch – eine zunehmende Tendenz zum

---

137 Menzel (Hrsg.): Alles Familie! Familiendarstellungen in aktuellen Bilderbüchern.
138 Voigt/Gleich: Wie heiraten eigentlich Trockennasenaffen?
139 Menzel (Hrsg.): Alles Familie! Familiendarstellungen in aktuellen Bilderbüchern, S. 63.
140 Schreiber-Wicke/ Holland: Zwei Papas für Tango.
141 Ebd.
142 Thiele: Das Bilderbuch, S. 189.
143 Vgl. Blume: Familie in allen Lebenslagen und Klötzer: Moderne Familienbilder im Bilderbuch.

Zeigen von Regenbogenfamilien gibt, das Angebot sich also ausweitet.[144] Ein Großteil der Akteure beschreibt, wenn er auf die Inhalte der Bücher eingeht, außerdem den Anspruch, gleichgeschlechtliche Liebe als ›selbstverständlich‹ abbilden zu wollen bzw. formuliert positive Beurteilungen zu Büchern, die dies tun. Dieser Aspekt der ›Alltäglichkeit‹ wird deswegen das Kriterium im zweiten Analysekapitel darstellen, in dem die zitierte Aussage, es würden keine Bilderbücher existieren, in denen »ganz selbstverständlich eine Regenbogenfamilie vorkommt«,[145] überprüft wird. Die Umsetzung des Wunsches unter anderem des Verlegers Ben Böttger danach, dass »Figuren, die gängigen Normen nicht entsprechen, sich nicht erst beweisen müssen, um anerkannt zu werden«[146] wird Inhalt des letzten Analyseteils sein.

144 Beispielsweise hier: Hepper, Eva: Wenn das Kind zwei Mamas hat. Sexualität im Kinder- und Jugendbuch. In: Deutschlandradio Kultur vom 12. Juli 2016. http://www.deutschlandradiokultur.de/sexualitaet-im-kinder-und-jugendbuch-wenn-das-kind-zwei.1270.de.html?dram:article_id=359856 [09.10.2017].

145 Wemakeit. Regenbogenfamilie – Kinderbuch. https://wemakeit.com/projects/regenbogenfamilie-kinderbuch [09.01.2017].

146 Waldmann, Nancy: Wir verkehren nicht die Realität. Nicht normative Kinderbücher. Taz.de vom 26. Dezember 2012. http://www.taz.de/!5076579/ [09.01.2017].

4 ANALYSE DES ANGEBOTS

4.1 Überblick über die Entwicklung des Bilderbuchangebots

Kinder- und vor allem Jugendbücher mit Gender-Thematik sind kein ganz neues Phänomen, doch die Anzahl der Titel steigt seit einigen Jahren rasant. Mittlerweile hat nicht nur das Thema Fahrt aufgenommen, auch die Erzählbreite ist größer. Schwul-Lesbisch-Transsexuell-Sein kommt heute in allen erzählerischen Genres vor: im Roman, im Bilderbuch, in der Graphic Novel.[147]

Diese Aussage formulierte Eva Hepper im Juli 2016 in einem Beitrag des Hörfunksenders *Deutschlandradio*. Im Rahmen dieses Kapitels sollen Annahmen wie die hier formulierten – über Umfang und Entwicklung des Buchangebots – speziell für die LSBTI*-Figuren enthaltenden Bilderbücher überprüft werden. Zu diesem Zweck wird eine Übersicht über die auf Deutsch erschienenen Titel erstellt und ausgewertet.[148]

Im Rahmen dieser Forschungsarbeit konnten achtzehn Bilderbuchtitel aufgefunden werden, von denen zum Zeitpunkt der Erstellung dieser Arbeit dreizehn lieferbar waren.[149] Abbildung 4 zeigt die chronologische Verteilung

---

147 Hepper, Eva: Wenn das Kind zwei Mamas hat.

148 Es ist möglich, dass über die hier aufgeführten Bilderbücher hinaus weitere, privat hergestellt und vertriebene Titel existieren, zu denen heute keine Informationen mehr zu finden sind, sodass ihre Existenz für heute Forschende unsichtbar bleibt. Die Recherche nach diesem Angebot, wie in Kapitel 1.3 gezeigt, fand mit größtmöglicher Sorgfalt statt, und es ist anzunehmen, dass es sich bei den fehlenden Titeln nur um Einzelfälle handelt.

149 Ein nach Erscheinungsjahr geordnetes Verzeichnis aller Bilderbuchtitel sowie ein gesondertes Verzeichnis der im Januar 2017 lieferbaren Titel (mit Angabe der aktuellen Auflage) ist im Anhang zu finden.

Esst ihr Gras oder Raupen? Viel & Mehr
2015
Maxime will ein Geschwister. Atelier 9 3/4
Wie heiraten eigentlich Trockennasenaffen? kwasi verlag

Wie Lotta geboren wurde. Atelier 9 3/4

Hallo, wer bist denn du? Atelier 9 3/4

Inga und der verschwundene Wurm. Mardi-Verlag
2010
Alles Familie! Klett Kinderbuch
Du gehörst dazu. Sauerländer
Die Geschichte unserer Familie. FamART

So lebe ich... und wie lebst du? Mardi-Verlag

Luzie Libero und der süße Onkel. Beltz & Gelberg
Phöbe in der neuen Schule. [Selbstverlag]
Zwei Papas für Tango: Thienemann
2005

Komm, ich zeig dir meine Eltern. Ed. Riesenrad

König & König. Gerstenberg
2000

Eberhard, die schwule Sau. taormina Verlag

1995

Papas Freund. Magnus-Medien-Verlag
Zusammengehören. Donna Vita

1990

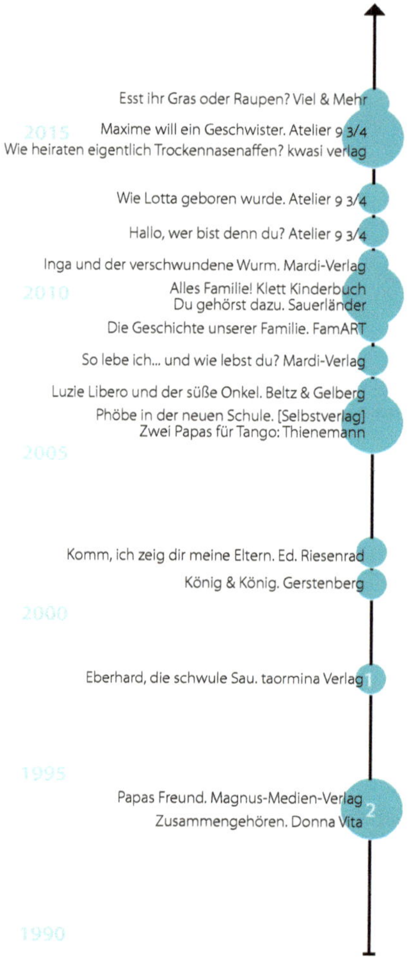

Abb. 4: Das Erscheinen neuer deutschsprachiger Bilderbuchtitel mit LSBTI-Personen im zeitlichen Verlauf von 1990 bis 2017 © Owena Reinke*

der neu erschienenen Bilderbuchtitel von 1990 bis heute.

Im gleichen Jahr wie *Papas Freund*[150] von Michael Willhoite, das als das erste deutschsprachige Bilderbuch gilt, das eine Regenbogenfamilie zeigt, erschien 1994 der Titel *Zusammengehören*[151], welcher die Trennung von heterosexuellen Eltern und die neue Beziehung der Mutter mit einer Frau aus der Sicht der gemeinsamen Kinder zeigt. Beide Bilderbücher sowie der Titel von 1998 erschienen in kleinen Nischenverlagen und sind heute nicht mehr lieferbar. Mit *König und König*[152] erschien 2001 das erste gleichgeschlechtliche Liebe darstellende Bilderbuch in einem deutschen Verlag ›im traditionellem Sinne‹: dem *Gerstenberg Verlag*. Der durch die Grafik entstehende Eindruck, dass seit 2006 regelmäßig LSBTI*-Personen im Bilderbuch vorkommen, ist zwar korrekt – er muss aber dadurch eingeschränkt werden, dass vier der Titel aus den letzten Jahren (erschienen 2012, 2013, 2015, 2016) vom gleichen Autorinnen-Illustratorinnen-Paar stammen, und mit einer Ausnahme in einem kleineren Selbstverlag erschienen.

Ergänzend zu diesem Befund erscheint es an dieser Stelle außer-

150 Willhoite: Papas Freund.
151 Pah/ Schat: Zusammengehören.
152 Haan/ Stern: König & König.

dem sinnvoll zu untersuchen, wie sich die einzelnen Neuerscheinungen auf Selbstverlage, Klein- bzw. Nischenverlage, und größere Verlage im traditionellen Sinne aufteilen. So soll sichtbar gemacht werden, ob und seit wann Bilderbücher mit Regenbogenfamilien in den entsprechenden »Verlagstypen« erscheinen. Auf diese Weise ließen sich innerhalb der untersuchten Zeitspanne auch mögliche Trends bei der Publikationsform der Bilderbücher untersuchen.

Die Analyse der fünfzehn, für diese Untersuchung herangezogenen deutschsprachigen Titel ergab, dass sechs der Bilderbücher in sogenannten »traditionellen Verlagen«, drei in (zum Teil spezialisierten) Kleinverlagen und sechs Bücher in Selbstverlagen erschienen. Dabei ist seit 2010 kein neuer Titel mehr in einem »traditionellen Verlag« erschienen.[153] Es existieren zahlreiche Auflagen des 2010 bei *Klett Kinderbuch* erschienenen Sachbilderbuchs *Alles Familie!*[154], und auch der Titel *König & König* wurde 2014 in einer neuen Auflage erneut veröffentlicht. Außerdem wurde der zuvor nur noch antiquarisch erhältliche Titel *Zwei Papas für Tango*[155] im Januar 2017 neu aufgelegt. Die Verlage – hier *Klett Kinderbuch, Gerstenberg* und *Thienemann* waren damit also in der Periode seit 2010 nicht vollständig inaktiv. Es bleibt aber festzuhalten: Alle neuen Titel nach 2010 erschienen im Selbstverlag oder in einem Fall – durch Crowdfunding finanziert – im Kleinverlag. Von diesen sechs nach 2010 erschienen Titeln stammen außerdem vier vom gleichen Autorenpaar. Diese Analyse ergibt also, dass zwar – wie im Zitat von Frau Sandra Schmid eingangs behauptet – die LSBTI*-Thematik im deutschsprachigen Bilderbuch vorkommt. Von einem Trend darüber hinaus, hin zum *vermehrten* Vorkommen entsprechender Figuren im Bilderbuch, kann aber, zumindest bei den klassischen Verlagen, nicht gesprochen werden.

Das hier kurz vorgestellte Material an Bilderbüchern soll im folgenden Kapitel nach verschiedenen Kriterien überprüft und analysiert werden. Ziel der Analyse ist es, qualifizierte Aussagen über das tatsächlich existierende deutschsprachige Buchangebot treffen zu können und, aufbauend auf den

---

153 Auffällig ist auch, dass keiner der größeren Verlage, die einen Titel mit LSBTI*-Figuren im Bilderbuchprogramm haben, danach einen weiteren veröffentlich hat. Es bleibt also immer bei nur einem Buch pro Verlag (dies gilt nicht für die spezialisierten Klein- und Nischenverlage). Gründe hierfür können in erster Linie nur vermutet werden – es ist natürlich möglich, dass mit mehreren Titeln ein nicht gewünschtes Image des Verlages einhergegangen wäre oder dass sich die Titel für den Verlag nicht rentiert haben (wogegen aber die Neuauflagen sprechen könnten).

154 Maxeiner, Alexandra/ Kuhl, Anke: Alles Familie! Vom Kind der neuen Freundin vom Bruder von Papas früherer Frau und anderen Verwandten. Leipzig: Klett Kinderbuch 2010.

155 Schreiber-Wicke/ Holland: Zwei Papas für Tango.

Thesen aus Kapitel 3, die eingangs gestellte Forschungsfrage nach der Umsetzung dieser Ziele und Vorstellungen im Bilderbuch beantworten zu können. Bei dieser inhaltlichen Analyse fehlen einzelne Bücher, welche nicht mehr durch öffentliche Bezugsquellen erhältlich waren. Dieser Fall betraf drei der zuvor eingeschlossenen Titel,[156] sodass sich die Anzahl der behandelten Bilderbücher für dieses Kapitel von achtzehn auf fünfzehn reduziert.

4.2 Durchführung der Analyse

4.2.1 Sachbilderbücher, Aufklärungsbücher, narrative Bilderbücher

Als erster Schritt einer Analyse des Angebots an Bilderbüchern, die gleichgeschlechtliche Beziehungen abbilden, soll hier eine Unterteilung nach Bilderbuchtyp vorgenommen werden. Damit soll gleichzeitig ein erster Überblick über das auszuwertende Material gegeben werden. Außerdem werden dadurch nach sinnvollen Kategorien sortierte Buchgruppen entstehen, die weitere Untersuchungen vereinfachen. (Abb. 7, S. 41)

Die beiden eindeutigsten Kategorien sind dabei einerseits das narrative Bilderbuch und andererseits das Sachbilderbuch. Dabei ließen sich fünf der im Rahmen dieser Forschungsarbeit aufgefundenen Bücher eindeutig dem narrativen Bilderbuch zuordnen: *König & König*[157], *Zwei Papas für Tango*[158], *Luzie Libero und der*

Abb. 5: So lebe ich – und wie lebst du? © MARDI 2008

---

156 Pah/Schat: Zusammengehören; Link, Michael/ Schöneich, Sabine: Komm, ich zeig dir meine Eltern. Hamburg: Edition Riesenrad 2002; und Kreuzsaler, Gabriele / Cuna Marchado, Mario Jorge da: Eberhard, die schwule Sau. Koblenz: taormina Verlag 1998.
157 Haan/ Stern: König & König.
158 Schreiber-Wicke/ Holland: Zwei Papas für Tango.

süße Onkel[159], *So lebe ich – und wie lebst du?*[160](Abb. 5) und *Wie heiraten eigentlich Trockennasenaffen?*[161].

Fünf weitere Titel fallen in die Kategorie des Sachbilderbuchs. Davon sind drei ausschließlich Aufklärungsbücher, welche das Entstehen der Familie beziehungsweise des Geschwisterkindes erklären: *Die Geschichte unserer Familie*[162] (Abb. 6), *Maxime will ein Geschwister*[163] und *Wie Lotta geboren wurde*[164]. Die beiden erstgenannten Bilderbücher zeigen mehr oder weniger explizit, wie ein Frauenpaar schwanger wird und ein Kind bekommt;

Wie Lotta geboren wurde[165] stellt im hier vorgestellten Bilderbuchmaterial eine Ausnahme dar und erklärt vereinfacht die Schwangerschaft eines transidenten Mannes. Die beiden weiteren Sachbilderbücher zeigen, wie unterschiedlich Familien sein können – nicht nur in Bezug auf die Familienform, sondern auch auf unterschiedliche Essgewohnheiten, Berufe oder genutzte Kosenamen. Die Titel *Alles Familie!*[166] aus dem Verlag *Klett Kinderbuch* sowie *Das große Buch der Familien*[167] von *FISCHER Sauerländer* erschienen im selben Jahr (2010) und zeigen beide Regenbogenfamilien.

Abb. 6:
Die Geschichte unserer Familie
© FamART 2009

Weitere vier Titel fallen in das Spektrum zwischen den hier genannten Polen ›narratives Bilderbuch‹ und ›Sachbilderbuch‹: Sie beinhalten zwar eine Geschichte, diese ist aber nur ›Rahmen‹ oder ›Aufhänger‹ für die Erklärung und Vermittlung von Sachinformationen. In zwei von vier Fällen

---

159 Lindenbaum: Luzie Libero.
160 Zehender, Dirk: So lebe ich … und wie lebst du? [Hanstedt]: Mardi-Verlag 2008.
161 Voigt/ Gleich: Wie heiraten eigentlich Trockennasenaffen?
162 Thorn, Petra / Herrmann-Green, Lisa: Die Geschichte unserer Familie. Ein Buch für lesbische Familien mit Wunschkindern durch Samenspende. Mörfelden: FamART 2009.
163 Schmitz-Weicht, Cai/ Schmitz, Ka: Maxime will ein Geschwister. Darmstadt: Atelier 9 3/4 2015.
164 Schmitz-Weicht, Cai/ Schmitz, Ka: Wie Lotta geboren wurde. Berlin: Atelier Neundreiviertel 2013.
165 Ebd.
166 Maxeiner/ Kuhl: Alles Familie!
167 Hoffmann/ Asquith: Du gehörst dazu.

wird dabei die Entstehung einer Regenbogenfamilie erklärt – durch Adopti-on (*Komm, ich zeig dir meine Eltern*[168]) sowie durch Trennung des heterose-xuellen Elternpaares und neuer homosexueller Beziehung des Vaters (*Papas Freund*[169]). Beide Bücher zeigen Männer als Elternpaare, Frauen gibt es in dieser Unterkategorie nicht – wohingegen in der Kategorie der Aufklärungs-bücher zur Entstehung und Geburt von Babys neben dem transidenten Vater nur zwei Mütterpaare zu finden sind, nicht aber Väterpaare. Letzteres kann aber als logische Schlussfolgerung der Tatsache gesehen werden, dass Frau-enpaare in Deutschland tatsächlich zunehmend ihren Kinderwunsch durch Spendersamen erfüllen. Aus diesem Grund besteht hier möglicherweise eine höhere Nachfrage nach Büchern, anhand derer dem Kind das eigene Entste-hen oder das Entstehen des Geschwisterkindes altersgerecht erklärt werden kann. Dass allerdings auf der anderen Seite bei den Bilderbüchern, die eine Adoption oder eine Patchworkfamilie mit neuer gleichgeschlechtlicher Be-ziehung zeigen, kein Frauenpaar zu finden ist, lässt sich nicht entsprechend erklären. Die anderen beiden Titel, die eine Rahmenhandlung als »Aufhän-ger« für Sachvermittlung nutzen, versuchen auf diesem Weg die breite Palet-te der Familienvielfalt darzustellen. So finden sich im Bilderbuch *Inga und der verschwundene Wurm*[170] verschiedene Familienformen in einem Mehr-familienhaus, in dem auch die Protagonistin Inga mit ihren beiden Müttern wohnt, während im 2016 erschienen Titel *Esst ihr Gras oder Raupen?*[171] Kin-der aus verschiedenen Familienformen gemeinsam versuchen, einem strei-tenden Elfenpaar beim Definieren der »Menschenfamilie« zu helfen.

Ein weiterer Titel des hier behandelten Buchmaterials ist das Bilderbuch *Hallo, wer bist denn du?*[172], das verschiedene »Bauernhoftiere« vorstellt und vom Verlag Atelier Neundreiviertel für Kinder ab 18 Monaten empfohlen wird. Die den Bauernhof erkundende kleine Katze schläft bei »Mama und Mami«.[173] Dieser Titel beinhaltet zwar auch im Ansatz eine Geschichte (die kleine Katze lernt auf jeder Doppelseite ein anderes Bauernhoftier kennen), allerdings müssen keine Zusammenhänge verstanden werden. Jede Doppel-seite beinhaltet vom Aufbau die gleiche Szene, nur das Tier und sein ›Tier-

168 Link/ Schöneich: Komm, ich zeig dir meine Eltern.
169 Willhoite: Papas Freund.
170 Zehender/ Sadr: Inga und der verschwundene Wurm.
171 Schmitz-Weicht, Cai/ Schmitz, Ka/ El-Mohamad, Majida: Esst ihr Gras oder Raupen? Ein Buch über
      Familien, übers Streiten und Zuhören. Ausgabe Deutsch – Arabisch. Berlin: Viel & Mehr 2016.
172 Schmitz-Weicht/ Schmitz: Hallo, wer bist denn du?
173 Ebd.

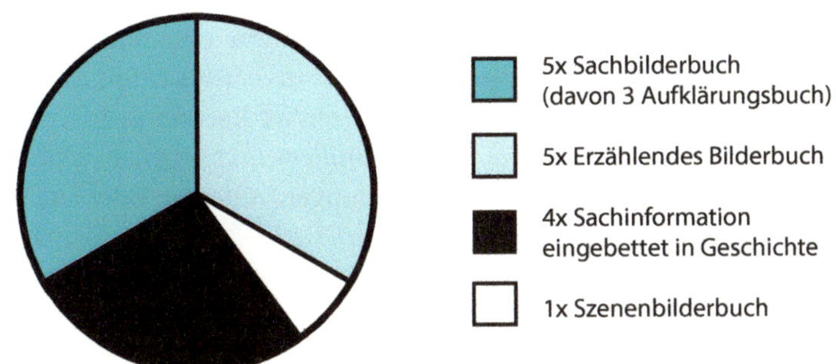

Abb. 7: Aufteilung des Angebots an Bilderbüchern (15 zugängliche Titel)
auf die Bilderbuchtypen. Eigene Darstellung

geräusch‹ wechseln. Die Bücher des Selbstverlags Atelier Neundreiviertel, und besonders das für die obenstehende Grafik als »Szenenbilderbuch« definierte Buch *Hallo, wer bist denn du?*[174] unterscheiden sich hinsichtlich der vom Verlag intendierten Altersempfehlung und damit verbunden ihrer Umsetzung deutlich von den anderen Bilderbüchern, die gleichgeschlechtliche Eltern zeigen. Allerdings sind die Titel trotz der Altersgruppe, für die produziert wird, keine Pappbilderbücher; außerdem besteht die »Regenbogenfamilie« in *Hallo, wer bist denn du?*[175], dem einzigen der Bücher, in dem die gleichgeschlechtlichen Eltern eine Selbstverständlichkeit darstellen und keine Aufklärung stattfindet, aus Tieren. Gibt es also eine Leerstelle im Bilderbuchangebot? Die Nutzung eines englischsprachigen Titels in Deutschland scheint ein deutliches Anzeichen dafür zu sein: *Mommy, Mama and Me*[176], ein Pappbilderbuch das Alltagsszenen einer Regenbogenfamilie mit sehr kurzen Beschreibungen in einfachen Reimen darstellt, wird von deutschsprachigen Kunden auf Englisch gekauft und, wie beispielsweise durch die Kommentare auf der Verkaufsplattform Amazon erkennbar, häufig eigenständig übersetzt. Eine der Rezensentinnen veröffentlichte ihre Übersetzung,

---

174 Schmitz-Weicht/ Schmitz: Hallo wer bist denn du?

175 Ebd.

176 Newman, Leslea/ Thompson, Carol: Mommy, Mama and Me. Berkeley: Tricycle Press 2009. Zeitgleich
      erschien die Entsprechung *Daddy, Papa and Me*, die aber für den deutschsprachigen Markt weniger
      relevant zu sein scheint – wahrscheinlich, weil deutlich mehr Frauenpaare als Männerpaare
      aufgrund ihrer biologischen und rechtlichen Möglichkeiten Kinder dieser jungen Altersgruppe
      haben.

bei der sie auch die Reimform erhalten hatte, auf Nachfrage direkt auf der Amazon-Website des Buches. Schon 2012 bedauerte eine andere Rezensentin: »Schade, dass es solche Bücher noch nicht in deutscher Sprache gibt!«.[177] Selbst verbreitende Organisationen wie *QueerNet Rheinland-Pfalz e. V.*, die zahlreiche Exemplare des *Kita-Koffers »Familien- und Lebensvielfalt«* an Kindertagesstätten und vergleichbare Einrichtungen verleihen oder auf Wunsch auch verkaufen, nutzen *Mommy, Mama and Me*[178] mit handschriftlich ergänzten Übersetzungen auf jeder Buchseite.

4.2.2 Sexuelle Identität als Thema oder Teil des Alltags?

Wie in Kapitel 3 festgestellt, ist die Frage nach dem selbstverständlichen Vorkommen von Regenbogenfamilie in Bilderbüchern Anstoß von vielerlei Kritik und Wünschen bzw. Zielen von Autoren und Käufern. In diesem Unterkapitel soll zunächst – so präzise dies möglich ist – gezeigt werden, wie viele Bilderbücher einerseits verfasst wurden, die gleichgeschlechtliche Liebe als Selbstverständlichkeit und Teil des Alltags abbilden, und wie viele Bücher diese andererseits thematisieren, herausstellen und/oder erklären. Die Art der Erklärung gerade in der Hinsicht, wie mit dem Themenbereich des »Normalen« und des »Anderen« umgegangen wird, soll aufbauend darauf anhand von Beispielen analysiert werden. Damit soll letztlich die am Ende von Kapitel 3.1 gestellte Frage beantworten werden: Ist die Aussage Sandra Schmids[179] »Es gibt keine Bilderbücher, in denen ganz selbstverständlich eine Regenbogenfamilie vorkommt – Kinder mit zwei Müttern zum Beispiel«[180] zutreffend? Um eine bessere Vergleichbarkeit zu erreichen, sollen zuerst die vier Titel, die Familienvielfalt abbilden, untersucht werden. Danach folgt die Analyse der fünf Titel, die zeigen, wie sich Regenbogenfamilien bilden. Als letztes werden schließlich die fünf »einfachen« erzählenden Bilderbücher und die zwei »Szenenbilderbücher« analysiert.

Bei den Bilderbüchern, die Familienvielfalt demonstrieren und erklären wollen, sind die Familienformen unumgänglich thematisiert. Bei *Inga und*

---

177 Amazon.de. Fremdsprachige Bücher. Mommy, Mama and Me. Rezensionen. https://www.amazon. de/Mommy-Mama-Me-Leslea-Newman/dp/1582462631 [09.01.2017].

178 Newman/ Thompson: Mommy, Mama and Me.

179 Mitinitiatorin des Buchprojekts *Wie heiraten eigentlich Trockennasenaffen?*

180 Wemakeit. Regenbogenfamilie – Kinderbuch. https://wemakeit.com/projects/ regenbogenfamilie-kinderbuch [09.01.2017].

der verschwundene Wurm[181] und *Esst ihr Gras oder Raupen?*[182] beruht das in der Geschichte integrierte Erklären von Familienvielfalt darauf, dass eine Gruppe von Familien jeweils vorgestellt wird. Dabei kommen neben der Regenbogenfamilie die Patchworkfamilie, die Ein-Eltern-Familie, die Mutter-Vater-Kind-Familie, und bei *Esst ihr Gras oder Raupen?*[183] auch einer alleinerziehenden Mutter mit ihrer WG-Mitbewohnerin vor. Die beiden Sachbilderbücher thematisieren neben der Diversität durch verschiedene Personenkonstellationen auch andere, die Familien charakterisierenden, Unterschiede. Dabei ist bei dem Sachbilderbuch *Du gehörst dazu. Das große Buch der Familien*[184] (Abb. 8) bemerkenswert, dass hier auch auf diesen weiteren Themenseiten (z. B. auf der Doppelseite darüber, wie die Familie »Transport« regelt oder auf der allgemeinen Übersichtsseite am Ende des Buches) gleichgeschlechtliche Elternpaare vorkommen. An diesen Stellen bleibt gänzlich unkommentiert, dass es sich um Regenbogenfamilien handelt. In diesem Fall ist die Regenbogenfamilie also einerseits auf einer Doppelseite das primäre Thema, in anderen Passagen erscheint sie hingegen

Abb. 8:
Cover: Du gehörst dazu. Das große
Buch der Familien

The Great Big Book of Families
© 2010 Frances Lincoln Limited
© 2010 Mary Hoffman (text)
© 2010 Ros Asquith (illustrations)
First published in Great Britain in
2010 by Frances Lincoln Children's
Books, London

Für die deutschsprachige Ausgabe:
© S. Fischer Verlag GmbH, Frankfurt
am Main, 2017 erstmals erschienen
2010 im Sauerländer Verlag

---

181 Zehender/ Sadr: Inga und der verschwundene Wurm.
182 Schmitz-Weicht/ Schmitz/ El-Mohamad: Esst ihr Gras oder Raupen?
183 Ebd.
184 Hoffmann/ Asquith: Du gehörst dazu.

mit der von einigen Buchproduzenten wie Käufern geforderten Selbstverständlichkeit.

Die Bücher, die die Familienbildung bei gleichgeschlechtlichen Eltern erklären wollen, betonen deren »Andersartigkeit« im Vergleich mit Mutter-Vater-Kind-Familien vor allem dadurch, dass sie die nicht mögliche gemeinsame biologischen Elternschaft gleichgeschlechtlicher Paare in den Mittelpunkt stellen. Die beiden Aufklärungsbücher, die zeigen wie ein (Geschwister-)Kind mit lesbischen Eltern in die Welt kommt, verzichten auf die Thematisierung von gesellschaftlichen Normen und Normalität. Beide Bücher erläutern, dass das Frauenpaar auf Hilfe angewiesen war, um schwanger werden zu können[185], gehen aber nicht darauf ein, dass diese Art schwanger zu werden nicht der Regel entsprechen könnte. Bei den anderen beiden Titeln – *Komm, ich zeig dir meine Eltern*[186] und *Papas Freund*[187] – ist die Andersartigkeit der Regenbogenfamilie Thema: »Mama sagt, Papa und Frank sind schwul. Erst habe ich das nicht verstanden, deswegen hat sie es mir erklärt. Schwulsein ist nur eine andere Art zu lieben. Und Liebe ist die schönste Art, glücklich zu sein«[188].

Im Gegensatz dazu thematisieren beide in Deutschland genutzten Bilderbücher für Kinder unter drei Jahren, *Mommy, Mama and Me*[189] und *Hallo, wer bist denn du?*[190] weder im Text noch in den Illustrationen auf irgendeine Art die »Andersartigkeit« der Regenbogenfamilien. Stattdessen ist der Alltag des Kleinkindes bzw. des Katzenkindes Thema des Buches. Statt »Mama und Papa« sind es dann »Mama und Mami«, zu denen sich das Katzenkind am Ende des Buches kuschelt.

Bei den narrativen Bilderbüchern thematisiert nur *Zwei Papas für Tango* den Unterschied zwischen dem gleichgeschlechtlichen Paar und den anderen, heterosexuellen Paaren.[191] Innerhalb der Geschichte wird nicht nur

---

185 »Ein Baby wächst, wenn Samen von einem Mann mit der Eizelle einer Frau zusammenkommt. Das Baby wächst dann im Bauch einer Mutter. Weil Mama und Mami zwei Frauen sind, brauchten sie Samen von einem Mann, um ein Baby zu bekommen.« Thorn/ Herrmann-Green: Die Geschichte unserer Familie. Und: »Maximes Mütter haben beide eine Babyhöhle mit Eizellen. Damit ein Baby wachsen kann, brauchen sie noch eine Samenzelle. Sie gehen zu einer Hebamme. Die tut Samenzellen von einem Mann in Melanies Bauch.« Schmitz-Weicht/Schmitz: Maxime will ein Geschwister.

186 Link/ Schöneich: Komm, ich zeig dir meine Eltern.

187 Willhoite: Papas Freund.

188 Ebd.

189 Newman/ Thompson: Mommy, Mama and Me.

190 Schmitz-Weicht/ Schmitz: Hallo, wer bist denn du?

191 Schreiber-Wicke/ Holland: Zwei Papas für Tango.

deutlich, dass es anscheinend nicht der Norm entspricht, sich als männlichen Pinguin in einen anderen männlichen Pinguin zu verlieben (die beiden bilden das einzige gleichgeschlechtliche Paar im Zoo). Es wird darüber hinaus auch klar, dass diese Orientierung zunächst nicht erwünscht ist (obwohl die Tierpfleger sehen, dass das Pinguinpaar glücklich miteinander ist, werden die beiden getrennt – in der Hoffnung, dass sie durch die Trennung ein normatives, also heterosexuelles Verhalten entwickeln). Bei den anderen vier narrativen Bilderbüchern kann – zum Teil mit Einschränkungen[192] – von einer Erfüllung des Kriteriums der ›Selbstverständlichkeit‹ gesprochen werden. Für Luzie in *Luzie Libero und der süße Onkel*[193], für Matti in *Wie heiraten eigentlich Trockennasenaffen?*[194] sowie für die verschiedenen in Regenbogenfamilien lebenden Kinder aus dem Selfpublishing-Titel *So lebe ich – und wie lebst du?*[195], ist die Zusammenstellung ihrer Familie Teil ihres Alltags und verdient deswegen keine besondere Erwähnung. Luzie ist beispielsweise eifersüchtig auf die neue Person im Leben ihres Onkels, der eine wichtige Bezugsperson für sie darstellt – dass diese Person männlich ist, ist für ihr Gefühl der Eifersucht irrelevant und wird nicht thematisiert. Ist die Aussage, es hätte vor dem mit Crowdfunding finanzierten Titel *Wie heiraten eigentlich Trockennasenaffen?*[196] kein Bilderbuch gegeben, in dem »ganz selbstverständlich eine Regenbogenfamilie vorkommt«[197], also nicht korrekt?

Nimmt man Schmids Aussage wörtlich, müssen an dieser Stelle *König & König*[198] sowie *Luzie Libero und der süße Onkel*[199] ausgeschlossen werden, weil hier zwar gleichgeschlechtliche Liebe, aber (noch) nicht eine Regenbogenfamilie im eigenen Sinne gezeigt wird. *Hallo, wer bist denn du?*[200] kann die Bedingung, »ganz selbstverständlich« eine Regenbogenfamilie zu zeigen, erfüllen – allerdings wird hier eine tierische Familie im Bauernhofalltag

---

192 Auch wenn es kein Problem zu sein scheint, dass sich der Prinz in König & König für einen männlichen Partner entschieden hat, wurde doch zuvor ganz selbstverständlich von einer Partnerin ausgegangen. Gerade dieser Aufbau einer Erwartungshaltung nach dem bekannten Narrativ von Prinz und Prinzessin, die dann *unkommentiert* nicht erfüllt wird, ist aber der Schlüsselmoment des Buches.

193 Lindenbaum: Luzie Libero.

194 Voigt/ Gleich: Wie heiraten eigentlich Trockennasenaffen?

195 Zehender: So lebe ich ... und wie lebst du?

196 Voigt/ Gleich: Wie heiraten eigentlich Trockennasenaffen?

197 Wemakeit. Regenbogenfamilie – Kinderbuch. https://wemakeit.com/projects/regenbogenfamilie-kinderbuch [09.01.2017].

198 Haan/ Stern: König & König.

199 Lindenbaum: Luzie Libero.

200 Schmitz-Weicht/ Schmitz: Hallo, wer bist denn du?

gezeigt. An deutschsprachigen Bilderbüchern, in denen das Leben in einer (menschlichen) Regenbogenfamilie als Alltag gezeigt wird, blieben somit tatsächlich nur noch die Geschichten des Titels *So lebe ich – und wie lebst du?*[201] und das Bilderbuch *Wie heiraten eigentlich Trockennasenaffen?*[202] übrig. Und sollte die Behauptung sogar nur im stationären Buchhandel verfügbare Titel meinen, ist sie korrekt, denn *So lebe ich – und wie lebst du?*[203] ist nur online direkt vom Selbstverlag zu beziehen. Damit wäre es nicht falsch, *Wie heiraten eigentlich Trockennasenaffen?*[204] als das zurzeit einzige deutschsprachige im Buchhandel verfügbare Bilderbuch zu bezeichnen, in dem die vom Kind erlebte Selbstverständlichkeit der eigenen Regenbogenfamilie gezeigt wird. Aller Wahrscheinlichkeit nach wird im Jahr 2017 mit *Mio und Freda* ein zweiter Titel folgen.[205]

Während sich laut Andreas Wicke Kinderbuchautoren bei der Darstellung von Familien mit getrennten Eltern seit Ende des 20. Jahrhunderts »nicht für die Abweichung von einer scheinbar normalen Vater-Mutter-Kind-Beziehung rechtfertigen«[206] müssen, ist das Erklären der Existenz und des Zustandekommens der Familienform Regenbogenfamilie im deutschsprachigen Bilderbuch noch der Normalfall.

4.2.3 Darstellung der Charaktere:
Stereotypische, vorbildliche, oder mehrdimensionale Eltern?

Von den relevanten Akteuren der Buchbranche formulierte Aussagen und Wünsche bezüglich der LSBTI*-Figuren, die in Bilderbüchern vorkommen sollen, betrafen auch die Art der Darstellung dieser Charaktere. Beispielsweise erklärte der Verleger Ben Böttger, er möchte »Kindern zeigen, dass sie mit ihren Wünschen und Bedürfnissen einen Platz haben können in der Welt und nicht denken müssen, sie müssten sich verbiegen«.[207] An dieser Stelle soll der Anspruch an die Figuren, authentisch und mehrdimensional zu sein, auch wenn sie mit bestimmten Aspekten ihrer Identität nicht zur Mehrheit

---

201 Zehender: So lebe ich... und wie lebst du?
202 Voigt/ Gleich: Wie heiraten eigentlich Trockennasenaffen?
203 Zehender: So lebe ich ... und wie lebst du?
204 Voigt/ Gleich: Wie heiraten eigentlich Trockennasenaffen?
205 Hinweis auf Aktualität im Nachwort.
206 Wicke, Andreas: »Zeiten ändern sich, Menschen ändern sich, Meinungen ändern sich.« Familie in Andreas Steinhöfels *Rico, Oskar* ...-Trilogie. In: interjuli, Internationale Kinder- und Jugendbuchforschung Jahrgang (2012) 02. S. 40.
207 Waldmann, Nancy: Wir verkehren nicht die Realität. Nicht normative Kinderbücher. Taz.de vom 26. Dezember 2012. http://www.taz.de/!5076579/ [09.01.2017].

der Gesellschaft gehören, an den Mitgliedern der Regenbogenfamilien überprüft werden.

Die mediale Repräsentation von Bevölkerungsgruppen, die in der Gesellschaft eine Minderheit darstellen, durchläuft in ihrer Entwicklung meist
verschiedene Stadien. Ein Modell für diese Entwicklung nennt sich *The Four
Stages of Minority Portrayals Model* und wurde 1969 von Cedric C. Clark in
der Zeitschrift *Television Quarterly* vorgestellt.[208] Clark hat in seiner Beobachtung vier chronologische Phasen analysiert: »nonrecognition«[209], »ridi-
cule«[210], »regulation«[211] und »respect«.[212] Dieses Modell wird bis heute in
zahlreichen Studien angewandt, auch in Bezug auf die Repräsentation von
LSBTI*-Personen.[213] Dabei bezieht sich die hauptsächliche Verwendung des
Modells auf die Darstellung im Fernsehen. Im Folgenden soll deshalb der
Versuch unternommen werden, das Modell der *Four Stages of Minority Portrayals* von Clark auf die Darstellung der Regenbogenfamilie im hier defi-
nierten Bilderbuch-Material zu transferieren. Dabei sollen sowohl Aspekte
aus dem Text als auch aus den Illustrationen thematisiert werden.

Auch wenn die Anzahl der Titel nicht hoch ist und in Kapitel 4.1 auch
keine zunehmende Tendenz bei den Neuerscheinungen festgestellt werden konnte, sind Regenbogenfamilien heute in Bilderbüchern repräsentiert. Sie befanden sich lange in einer Phase der Unsichtbarkeit, haben diese
aber inzwischen überwunden – seit Mitte der 90er Jahre in ersten Ansät-

---

208 Clark, Cedric C.: Television and social controls. Some observation of the portrayal of ethnic
minorities. In: Television Quarterly 8 (1969) 2, S. 18-22.

209 Keine Repräsentation; die Minderheit ist in den Medien unsichtbar.

210 Verhöhnung; die Vertreter der Minderheit dienen ausschließlich der Belustigung und werden
inkompetent und nicht intelligent dargestellt.

211 Regulierung; die Minderheit ist repräsentiert, aber ausschließlich in gesellschaftlich akzeptierten
kleinen Nebenrollen.

212 Respektierung; die Minderheit erscheint in den gleichen Rollen wie die gesellschaftliche Mehrheit,
sowohl mit positiven als auch mit negativen Eigenschaften. Vgl. für den gesamten Satz: Clark:
Television and social controls, S. 18-22.

213 Rayles, Amber B./ Lucas, Jennifer L: Stereotype or Success? Prime-Time Television's Portrayals of
Gay Male, Lesbian, and Bisexual Characters. In: Journal of Homosexuality 51 (2006) 2, S. 19-38; oder:
Gomillion; Sarah C./ Giuliano, Traci A.: The Influence of Media Role Models on Gay, Lesbian, and
Bisexual Identity. In: Journal of Homosexuality 58 (2011) 3, S. 330-354; Beispiele für die Anwendung
des Modells für eine andere Minderheit sind: Fitzgerald, Michael Ray: Evolutionary Stages of
Minorities in the Mass Media: An Application of Clark's Model to American Indian Television Rep-
resentations. In: Howard Journal of Communications 21 (2010) Nr. 4, S. 367-384; Und das Kapitel
«Media Portrayals of Groups: Distorted Social Mirrors" (S. 64-106) des Titels: Harris, Richard Jackson: A
Cognitive Psychology of Mass Communication. 5. Aufl. New York und London: Routledge 2009.

zen, in den letzten zehn Jahren noch deutlicher.[214] Die zweite und dritte Phase aus Clark's Modell trifft nicht auf die Darstellung von Regenbogenfamilien im Bilderbuch zu, wobei sich hier die Frage stellt, ob die Bilderbücher sie überhaupt durchlaufen, oder sie nicht eher übersprungen habe. Beispielsweise wurden in den Bilderbüchern, die eine Geschichte erzählen, nur LSBTI*-Personen identifiziert, die im Zentrum der Handlung stehen. Hier stößt die Übertragbarkeit des Modells vom Medium des Fernsehens auf das Bilderbuch möglicherweise an seine Grenzen.[215]

In Kapitel 3.1 wurde die Forderung des Verlegers Ben Böttgers, Figuren, die nicht der Norm entsprechen, sollten sich nicht rechtfertigen müssen, aufgeworfen. Diese Forderung soll hier mit der vierten und letzten Phase aus Clark's Modell eine Kategorie bilden. Beides – Böttgers Anspruch an seine Kinderbücher sowie Clark's Definition der letzten Entwicklungsphase bei der Darstellung einer gesellschaftlichen Minderheit – wirft die Frage auf, ob entsprechende Film- oder Buchfiguren eigene, mehrdimensionale Charaktere sein dürfen. Hier ist die Phasendefinierung aus Clark's Modell wieder überaus geeignet, um Erkenntnisse über die Art der Figurendarstellung im vorliegenden Bilderbuchmaterial zu gewinnen.

Bei der Überprüfung dieser Frage anhand des Buchangebots fällt auf, wie häufig die Autoren und Autorinnen der Bücher betonen, die Familien – und besonders die Kinder – seien glücklich in ihrem Alltag. Im 1994 erschienenen *Papas Freund*[216] heißt es im Fazit des Buches »Papa und sein Freund sind sehr glücklich miteinander. Und ich bin's auch«.[217] Auf den ersten fünf Seiten von *Komm, ich zeig dir meine Eltern*[218] berichtet der Sohn Daniel ausführlich von seinem »großen Haus am Waldrand«[219], zu dem »ein großer Garten«[220] gehört, von seinem »kuschelig[en]«[221] Zimmer, seinem Musikkindergarten und seiner Vorfreude auf den regulären Kindergarten, ohne dass diese Erklärungen notwendig für seine eigentliche Geschichte wären, die erst auf der sechsten Buchseite beginnt. Und bei der Illustration von *Inga und der verschwundene Wurm* wurde an die Wohnungstür der Regenbogenfamilie der

---

214 Hiermit ist nicht gemeint, dass die entsprechenden Titel im Bücherregal jedes Kindes stehen, sondern nur, dass theoretisch ein für alle zugängliches Angebot existiert.
215 Vgl. Harris, A Cognitive Psychology of Mass Communication, S.81.
216 Willhoite: Papas Freund.
217 Ebd.
218 Link/ Schöneich: Komm, ich zeig dir meine Eltern.
219 Ebd.
220 Ebd.
221 Ebd.

Protagonistin ein großes herzförmiges Schild mit der Aufschrift »Hier wohnt das Glück« gemalt. Weniger explizit geht beispielsweise die Autorin von *Das große Buch der Familien*[222] vor – aber auch hier fällt auf, dass keine der abgebildeten Regenbogenfamilien mit negativen Gesichtsausdrücken gezeichnet ist, während andere Abbildungen von Familien auch beispielsweise deutlich überforderte Eltern oder lärmende Kinder zeigen. Eine mehrdimensionale Charakterisierung der Eltern lässt nur *Wie heiraten eigentlich Trockennasenaffen?*[223] zu: Hier hat Mama »immerzu zu tun«[224], während sich Mutze[225] laut ihrer Frau »Zeit nimmt und Ruhe schafft«[226]. Mama hat die Gabe, nichts zu vergessen, auch nicht Mattis geliebten Kuscheltieraffen Alfred. Gegen Ende des Buches holt Mutze Matti zu spät aus dem Kindergarten ab.

Zusammengefasst werden Mitglieder von Regenbogenfamilien beinahe ausschließlich als vorbildliche, glückliche und daher häufig eindimensionale Personen dargestellt und haben die letzte Phase in Clark's Modell, »respect« damit im deutschsprachigen Bilderbuch – bis auf eine Ausnahme aus dem Jahr 2015 – noch nicht erreicht. Es existiert also in diesem Fall eine weitere Phase vor der letzten Stufe in Clarks Modell, in welcher die Rechtfertigung der Familienform durch das Betonen des Wohlbefindens aller Familienmitglieder sowie häufig auch der Konformität mit »allen anderen, normalen Familien« im Vordergrund steht. Elizabeth A. Ford fasst dieses Stadium der Darstellung von Regenbogenfamilien in einer Analyse von Leslea Newmans *Heather has two Mommies*[227] zusammen: »As the product of a ›special‹ family, Heather must provide proof that having two mommies might be a good deal.«[228]

---

222 Link/ Schöneich: Komm, ich zeig dir meine Eltern
223 Voigt/ Gleich: Wie heiraten eigentlich Trockennasenaffen?
224 Ebd.
225 So nennt Matti, das Kind in der Erzählung, eine seiner Mütter.
226 Voigt/ Gleich: Wie heiraten eigentlich Trockennasenaffen?
227 Newman, Leslea: Heather Has Two Mommies.
228 Ford, Elizabeth A.: H/Z. Why Lesléa Newman Makes Heather into Zoe. In: Over the Rainbow. Queer Children's and Young Adult Literature. Hrsg. von Michelle Ann Abate. Ann Arbor, Michigan: University of Michigan Press 2011, S. 204.

5 NORM UND NORMALITÄT – WELCHE TRENDS ZEICHNEN SICH AB?

Jugendbücher, die nicht-heterosexuelle Charaktere beinhalten, sind heute in Deutschland problemlos auffindbar. Es gibt im Verhältnis aber deutlich weniger Kinder- und Bilderbücher. Zudem scheint es in deutscher Sprache keine Bücher für Kinder unter drei Jahren – auch kein einziges Pappbilderbuch – im Buchhandel[229] zu geben, in denen Menschen vorkommen, die als nicht-heterosexuell erkennbar sind. Dieses erste Ergebnis passt zu der Einschätzung von Imke Schminke in ihrem Aufsatz zum *Kind als Chiffre politischer Auseinandersetzung*: »Während mittlerweile vielerorts auch in konservativen Kreisen homosexuelle Partnerschaften akzeptiert werden, schrillen bei der Thematisierung homosexueller *Elternschaft* fast immer die Alarmglocken«[230].

Dass Jugendliche ihre sexuelle Orientierung hinterfragen und auch gleichgeschlechtliche Beziehungen führen, zeigt auch die deutschsprachige Jugendliteratur – ab Ende der 1980er Jahre mit zwei bis acht Titeln im Jahr, heute noch deutlich öfter. Einen entsprechenden deutlichen Trend scheint es im Bilderbuch hingegen nicht zu geben. Zwar sind Bilderbücher auf dem deutschsprachigen Markt verfügbar, die gleichgeschlechtliche Liebe und in einem Fall auch einen transidenten Vater zeigen – aktuell sind es dreizehn lieferbare Titel, die ersten beiden Bilderbücher erschienen 1994, und seit 2006 wurden beinahe jährlich ein oder zwei Neuerscheinungen veröffentlicht. Allerdings belegen die Daten keine deutliche Zunahme, denn seit 2010 wurde von keinem »traditionellen« Verlag mehr ein entsprechendes Buch veröffent-

---

229 Nur das Bilderbuch von Schmitz-Weicht/ Schmitz: Hallo, wer bist du denn?, das bis auf vereinzelte Kooperationen nur direkt beim Selbstverlag Atelier Neundreiviertel gekauft werden kann.
230 Schmincke: Das Kind als Chiffre, S. 94.

licht. Darüber hinaus ist der Befund von ein bis zwei Neuerscheinungen im Jahr seit 2006 zwar mit einer Ausnahme korrekt – vier der von 2011 bis 2016 erschienenen sechs Titel waren dabei aber Selfpublishing-Titel vom gleichen spezialisierten Autorinnen-Illustratorinnen-Paar. Damit kann nicht von einer Öffnung der Bilderbuchverlage hin zu mehr Familienvielfalt im Sinne der Inklusion von Regenbogenfamilien gesprochen werden. Ein Begründungsversuch für diese unterschiedliche Entwicklung im Jugend- und Bilderbuch ist, dass auch die bloße Darstellung von einem gleichgeschlechtlichen Paar ohne zusätzliche sexual-aufklärerische Inhalte als Thematisierung von Sexualität empfunden und deswegen das Buch als ungeeignet für Kinder erklärt wird.[231]

Zu Beginn dieser Arbeit wurde die Frage aufgeworfen, welche Ziele und Annahmen der mit den Bilderbüchern in Kontakt stehenden Akteure wie bei einer tatsächlichen Analyse des Buchangebots wiedergefunden werden können. Dabei ließen sich aus der Interpretation der Ergebnisse der Angebotsanalyse, in Kombination mit den gewonnenen Informationen aus den vorherigen Kapiteln, einige Erkenntnisse gewinnen. Ein mögliches Ergebnis stellt beispielsweise die hier formulierte Beobachtung dar, dass es gerade an LSBTI*–Charakteren in Büchern für Kinder unter drei Jahren mangelt. Daraus ließe sich die Hypothese folgern, dass der Grund hierfür die explizite oder mitgedachte Thematisierung von Sexualität ist, für die die Altersgruppe als zu jung empfunden wird.

Die Diskussion darüber, welche Themen Kindern welchen Alters »zugemutet« werden können, ist Teil einer pädagogischen Debatte, die »Rückschlüsse auf das generelle Verhältnis der Erziehungs- und Sozialisierungsinstanzen zu Kindern zulässt«[232]. Es stellt sich also die Frage, ob gleichgeschlechtliche Liebe anscheinend (noch) als eine ›Zumutung‹ für Kleinkinder empfunden wird – einige Mitglieder der deutschen Gesellschaft vertreten diesen Standpunkt massiv, wie Kapitel 2.2 dieser Arbeit zeigt. Gleichzeitig kann hinterfragt werden, inwieweit das Bilderbuchangebot einen selbstverständlichen Umgang mit LSBTI*-Figuren überhaupt möglich macht. Hierzu wurde deutlich, dass ebendiese Selbstverständlichkeit häufig Teil der Ziele oder Wünsche der in Kapitel 3 vorgestellten Akteure war, die Bilderbücher aber zu einem sehr großen Teil hauptsächlich die Existenz oder Entstehung der Familie erklären. Praktiken dieser Art beschreibt Annika Sulzer im *Handbuch*

---

231 Vgl. Ullmann: Oh, Be Careful, Little Eyes, What You Read.
232 Thiele, Jens: Das Bilderbuch, S. 164.

Inklusion mit dem »Zwei-Welten-Blick von Normalität und Abweichung«[233], welchen sie kritisiert und stattdessen, wie so viele Stimmen in Kapitel drei dieser Arbeit, fordert, »Unterschiedlichkeit nicht zu bewerten«.[234]

Gibt es Trends zur Darstellung von gleichgeschlechtlichen Eltern als Teil des Alltages des Kindes? Die beiden Crowdfunding-Titel, von denen eines 2015 erschien und das andere 2017 erscheinen wird,[235] und deren Finanzierungskampagnen sehr erfolgreich verliefen, könnten ein Indiz dafür sein. Um diese leichte Tendenz des bzw. der aktuellen Titel als belastbares Forschungsergebnis festhalten zu können, ist die Anzahl von zwei Titeln aber noch zu niedrig.

Thematisiert wurden im Rahmen dieser Arbeit außerdem die teilweise ›gewagteren‹ Buchprojekte[236] der Selbst- und Nischenverlage innerhalb des Angebots von Bilderbüchern, die Regenbogenfamilien abbilden. Große, traditionelle Verlage scheinen entweder im Ausland sehr bekannte Titel oder in Deutschland bereits gut bekannte Autoren zu wählen.[237] Dass die Vorsicht dieser Verlage auch aktuell in Deutschland groß ist, könnte vielleicht auch die Aussage der Illustratorin Jacky Gleich untermauern: »Da ich schon mit vielen grossen Verlagen gearbeitet habe, fragte ich einige, ob sie das Buch auch wichtig fänden und es in ihr Programm aufnehmen wollten. Wie erwartet, traut sich keiner«.[238] Die Ergebnisse der Analyse können als ein Beispiel dafür herangezogen werden, dass diese Verlagstypen möglicherweise besonders dafür geeignet sind, tabuisierte Themen zu behandeln und marginalisierte Minderheiten zu repräsentieren. Die kleineren Buchprojekte dieser

---

233 Sulzer, Annika: Inklusion als Werterahmen für Bildungsgerechtigkeit. In: Handbuch Inklusion. Grundlagen vorurteilsbewusster Bildung und Erziehung. Hrsg. von Petra Wagner. 1. Ausg. der überarb. Neuausg., 3. Gesamtaufl. Freiburg u.a.: Herder 2013, S.15.
234 Ebd.
235 Hinweis auf Aktualität im Nachwort.
236 Beispielsweise das erste deutschsprachige Regenbogenfamilien-Bilderbuch überhaupt (Willhoite: Papas Freund); außerdem das die Regenbogenfamilie weder erklärende noch idealisierende, durch Crowdfunding finanzierte Buch *Wie heiraten eigentlich Trockennasenaffen?* (von Ina Voigt und Jacky Gleich); und das wohl einzige Bilderbuch mit einem Elternteil, das transgender ist: Schmitz-Weicht/ Schmitz: Wie Lotta geboren wurde.
237 Vgl. Kapitel 2.3. Zu den bekannteren Autoren gehören Pija Lindenbaum und Edith Schreiber-Wicke.
238 Sie hat beispielsweise für den Carl Hanser Verlag oder den Tulipan Verlag gearbeitet. Ein anderes Beispiel, dass die Vorsicht – hier nicht der Verlage, sondern von Illustratoren – dem Thema gegenüber dokumentiert, ist die Aussage von Helene Düperthal in einer Anmerkung auf den letzten Seiten des Kinderbuches zu Regenbogenfamilien (für Erstleser, deswegen nicht Teil des analysierten Bilderbuchangebots): »Als Autorin dieses Buches konnte ich selbst erleben, wie schwer sich viele auf diesem Weg [der gleichgeschlechtlichen Elternschaft, Anm. der Verfasserin] noch tun, denn allein eine Illustratorin für mein Projekt zu finden, erwies sich als schwieriger als erwartet.« Zitat aus: Düperthal, Helene/ Hänsch, Lisa: Mama + Mamusch, S.50.

Selbst- und Nischenverlage sind erst mit der Einführung des digitalen Buchdrucks ansatzweise rentabel geworden, denn seitdem können auch geringe Auflagen ohne große Verluste produziert werden.[239]

Trotzdem wären für gesicherte Aussagen zur Verkäuflichkeit und Rentabilität der hier untersuchten Titel selbstverständlich die entsprechenden Daten notwendig – Meldungen wie die Neuauflage von *Zwei Papas für Tango*[240] im Thienemann Verlag oder der Erfolg von *Alles Familie*[241] (Abb. 9) und die erfolgreichen Crowdfunding-Kampagnen[242] können aber als positive Anzeichen vermerkt werden.

Für die eingangs vermutete Übertragbarkeit des Aufbaus und des Analysevorgangs innerhalb dieser Arbeit auf die Repräsentation anderer »Minderheitengruppen« in den Medien muss an dieser Stelle – unter

Abb. 9: Alles Familie
© *Klett Kinderbuch 2010*

Berücksichtigung der Ergebnisse – die Einschränkung vorgenommen werden, dass bei der Gruppe der LSBTI*-Personen wegen der Verbundenheit zur Thematik Sexualität besondere Bedingungen vorliegen. Die spezielle Brisanz, die die Kombination der Zielgruppe Kleinkind mit der Thematik der unterschiedlichen Lebens- und Familienformen für Teile der Bevölkerung hat, ist nicht auf den Umgang mit jeder anderen Minderheit übertragbar.[243] Deswe-

239 Vgl. Blumenkamp, Katrin: In der Nische. Mini-Verlage. In: Literaturbetrieb in Deutschland. 3. Hrsg. von Heinz Ludwig Arnold und Matthias Beilein. München: edition text + kritik 2009, S. 193.
240 Schreiber-Wicke/ Holland: Zwei Papas für Tango.
241 Maxeiner/ Kuhl: Alles Familie!; bereits in der 4. Auflage gedruckt und mit dem Deutschen Jugendliteraturpreis ausgezeichnet.
242 Wemakeit. Regenbogenfamilie – Kinderbuch. https://wemakeit.com/projects/ regenbogenfamilie-kinderbuch [09.01.2017] und Startnext. Mio & Freda – Ein modernes Kinderbuch. https://www.startnext.com/mio-and-freda [09.01.2017].
243 Es ließen sich aber auch innerhalb dieses Themenbereiches weitere Forschungsfragen und Untersuchungen ergänzen, beispielsweise zum Umgang mit Trans*personen in der deutschen Kinder- und Jugendliteratur allgemein. Für das Bilderbuch spezifisch könnten bestenfalls Vermutungen für die Zukunft aufgestellt werden, weil, wie diese Untersuchung zeigt, noch kaum Bücher vorliegen. Ein hier nicht aufgeführter Titel (er lässt sich nicht mehr unter den Titel »Regenbogenfamilien«

gen ist die in der Einleitung vermutete Adaption aber nicht hinfällig. Interessant wäre beispielsweise ein Vergleich hinsichtlich des Verhältnisses der Buchverlagstypen Selbstverlag, Klein- oder Nischenverlag, und dem »traditionellem« Verlag. Würden sich durch den Vergleich mit einer ähnlichen Analyse von Büchern, die Menschen mit Behinderungen zeigen, ähnliche Muster wie hier ergeben? Wo und warum unterscheidet sich die Entwicklung dieser Bücher auf dem Bilderbuchmarkt beispielsweise mit der Zunahme von mehrsprachigen Bilderbüchern?

Ein weiterer Forschungsansatz, der im Rahmen dieser zeitlich beschränkten Arbeit nicht verfolgt werden konnte, wäre ein verstärkter Fokus auf die Buchrezeption, besonders die noch eher vernachlässigte Buchwirkungsforschung. Hier wurden beispielsweise schon in Ansätzen qualitative Forschungsversuche anhand der Thematik »Geschlechterrollen im Bilderbuch« vorgenommen.[244]

Abschließend soll noch ergänzt werden, dass vielleicht nicht die Titelproduktion der Verlage zunimmt, aber möglicherweise die Verbreitung dieser Bilderbücher durch politisch und pädagogisch motivierte Stiftungen und Kindertagesstätten. Die Überprüfung dieses Eindrucks, beispielsweise durch die wissenschaftliche Begleitung eines der Kita-Medienkoffer, könnte die hier gewonnenen Eindrücke durch vertiefende und interdisziplinäre Forschung auf eine sinnvolle und vielversprechende Weise weiterführen.

unterordnen) ist dazu aber das Bilderbuch *Jo im roten Kleid* von Jens Thiele (Thiele, Jens: *Jo im roten Kleid.* Wuppertal: Peter Hammer Verlag 2004).

244 Unter anderem von Spitta, Gudrun: *Sollen sie nun heiraten – oder nicht?* Bilderbücher als Impuls für eine spielerische Konstruktion unterschiedlicher Lebensperspektiven mit Grundschuldkindern. In: Neue Leser braucht das Land! Zum geschlechterdifferenzierenden Unterricht mit Kinder- und Jugendliteratur. Hrsg. von Annette Kliewer und Anita Schilcher. Schneider Verlag Hohengehren: Baltmannsweiler 2004, S. 137–150; oder bei Keuneke, Susanne: Geschlechtserwerb und Medienrezeption. Zur Rolle von Bilderbüchern im Prozess der frühen Geschlechtersozialisation (Forschung Soziologie 38). Opladen: Leske und Buderich 2000.

6 NACHWORT

Den vorliegenden Band der *Initialen*-Reihe habe ich als Bachelorarbeit im Fach Buchwissenschaft im Winter 2016/2017 verfasst. Dies hat zur Folge, dass kleine Bestandteile der Arbeit nicht mehr auf dem aktuellsten Stand sind – die Veränderungen, die das Jahr 2017 gebracht hat, konnten für die Initialen-Reihe nicht mehr berücksichtigt werden.

Davon betroffen ist das mittlerweile erschienene Bilderbuch *Mio und Freda*: Während meiner Bearbeitungszeit wurde das Crowdfunding des Buchs erfolgreich abgeschlossen, gedruckt und ausgeliefert wurde die erste Auflage aber erst nach der Abgabe meiner Bachelorarbeit. Mittlerweile ist diese erste Auflage schon wieder vergriffen, weswegen ich das Bilderbuch auch nachträglich nicht in die Aufzählung der relevanten, aktuell verfügbaren Titel aufgenommen habe.

Die größte der 2017 erfolgten Veränderungen, die das Thema der Regenbogenfamilien betreffen, war aber mit Sicherheit die Öffnung der Ehe für gleichgeschlechtliche Paare: Seit dem 1. Oktober 2017 können auch in Deutschland zwei Personen des gleichen Geschlechts heiraten und gemeinsam Kinder adoptieren, statt wie zuvor nur das leibliche oder schon adoptierte Kind des Partners beziehungsweise der Partnerin. Wünschenswert für die betroffenen Familien wäre es im Hinblick auf das Forschungsthema dieser Arbeit, wenn sich diese positive politische Entwicklung und die große mediale und gesellschaftliche Aufmerksamkeit auch mit Regenbogenfamilien einschließenden Neuerscheinungen auf dem Buchmarkt bemerkbar macht.

LITERATUR- UND QUELLENVERZEICHNIS

Quellen

Gedruckte Quellen

Blume, Bruno: Familien in allen Lebenslagen. Neue Bilderbücher zum Thema. In: JuLit – Arbeitskreis für Jugendliteratur (2005) Heft 03/05, S. 26–30.

Boie, Kirsten/ Birck, Jan: Bestimmt wird alles gut. Leipzig: Klett Kinderbuch 2016.

Böttger, Ben/ Macedo, Rita: Unsa Haus und andere Geschichten. 3., überarb. Aufl. Berlin: Nono-Verlag 2010.

Düperthal, Helene/ Hänsch, Lisa: Mama + Mamusch: »Ich bin ein Herzenswunschkind«. Lennestadt: Lebensweichen-Verlag 2016.

Haan, Linda de/ Stern, Nijland: König & König. Midi-Ausgabe. Hildesheim: Gerstenberg 2014.

Hoffmann, Mary/ Asquith, Ros: Du gehörst dazu. Das große Buch der Familien. Frankfurt a. M.: FISCHER Sauerländer 2010.

Kreuzsaler, Gabriele / Cuna Marchado, Mario Jorge da: Eberhard, die schwule Sau. Koblenz: taormina Verlag 1998.

Lindenbaum, Pija: Luzie Libero und der süße Onkel. Weihnheim u. a.: Beltz & Gelberg 2007.

Link, Michael/ Schöneich, Sabine: Komm, ich zeig dir meine Eltern: Hamburg: Edition Riesenrad 2002.

Maxeiner, Alexandra/ Kuhl, Anke: Alles Familie! Vom Kind der neuen Freundin vom Bruder von Papas früherer Frau und anderen Verwandten. 4. Aufl. Leipzig: Klett Kinderbuch 2013.

Menzel, Hilde Elisabeth (Hrsg.): Alles Familie! Familiendarstellungen in aktuellen Bilderbüchern. Katalog zur Ausstellung. Internationalen Jugendbibliothek: München 2015.

Newman, Lesléa : Heather Has Two Mommies. Selbstverlag: 1989.

Newman, Lesléa/ Thompson, Carol: Mommy, Mama and Me. Berkeley: Tricycle Press 2009.

Orths, Markus/ Meyer, Kerstin: Das Zebra unterm Bett. Frankfurt a. M.: Moritz Verlag 2015.

Pah, Sylvia/Schat, Joke: Zusammengehören. Ruhnmark: Donna Vita 1994.

Parnell, Peter/ Richardson, Justin: And Tango Makes Three. New York: Simon & Schuster 2005.

Schmitz-Weicht, Cai/ Schmitz, Ka: Hallo, wer bist denn du? 3. Aufl. Darmstadt: Atelier 9 3/4 2014.

– Maxime will ein Geschwister. Darmstadt: Atelier 9 3/4 2015.

– Wie Lotta geboren wurde 2. Aufl. Berlin: Atelier 9 3/4 2013.

Schmitz-Weicht, Cai/ Schmitz, Ka/ El-Mohamad, Majida: Esst ihr Gras oder Raupen? Ein Buch über Familien, übers Streiten und Zuhören. Ausgabe Deutsch – Arabisch. Berlin: Viel & Mehr 2016.

Schreiber-Wicke, Edith/ Holland, Carola: Zwei Papas für Tango: Stuttgart u. a.: Thienemann 2017 [Erscheinungstermin der Neuauflage: 17.01.17, bis dahin vergriffen].

Springer, Sonja: Phöbe in der neuen Schule. [Bretzfeld: Selbstverlag] 2006.

Steinhöfel, Andreas: Die Mitte der Welt. Hamburg: Carlsen 1998.

Thiele, Jens: Jo im roten Kleid. Wuppertal: Peter Hammer Verlag 2004.

Thorn, Petra / Herrmann-Green, Lisa: Die Geschichte unserer Familie. Ein Buch für lesbische Familien mit Wunschkindern durch Samenspende. Mörfelden: FamART 2009.

Voigt, Ina/ Gleich, Jacky: Wie heiraten eigentlich Trockennasenaffen? Bern: Kwasi Verlag 2015.

Willhoite, Michael: Daddy's Roommate. New York: Alyson Books 1991.

– Papas Freund. Berlin: Magnus-Medien-Verlag 1994.

Zehender, Dirk: So lebe ich... und wie lebst du? Hanstedt: Mardi-Verlag 2008.

Zehender, Dirk / Sadr, Soheyla: Inga und der verschwundene Wurm. Hanstedt: Mardi-Verlag 2011.

Internetquellen

amazon.de. Bücher. Zwei Papas für Tango. Rezensionen. https://www. amazon.de/Zwei-Papas-Tango-Edith-Schreiber-Wicke/dp/3522435281 [09.01.2017].

amazon.de. Fremdsprachige Bücher. Mommy, Mama and Me. Rezensionen. https://www.amazon.de/Mommy-Mama-Me-Leslea-Newman/ dp/1582462631 [09.01.2017].

American Library Association. 100 most frequently challenged books: 1990–1999. http://www.ala.org/bbooks/100-most-frequently-challenged-books-1990–1999 [10.11.2016].

Atelier Neundreiviertel. Website. http://www.atelier-neundreiviertel.de
    [09.01.2017].
Bildungsinitiative QUEERFORMAT. Medienkoffer (2013). »Familien und
    vielfältige Lebensweisen« für Kindertageseinrichtungen.
    http://www.queerformat.de/fileadmin/user_upload/news/Begleitmate-
    rial_Kita-Koffer.pdf [09.01.2017].
Bury, Mathias: Wieder Protest gegen sexuelle Vielfalt im Bildungsplan.
    Demo in Stuttgart. In: Stuttgarter Zeitung.de vom 21. Juni 2015.
    http://www.stuttgarter-zeitung.de/inhalt.demo-in-stuttgart-wieder-pro-
    test-gegen-sexuelle-vielfalt-im-bildungsplan.42d6131a-9b89-4d3d-9ce0-
    0e7d2eeddbe6.html [09.01.2017].
Destatis. Statistisches Bundesamt. Zahlen & Fakten. Gesellschaft & Staat.
    Bevölkerung. Haushalte & Familien. Gleichgeschlechtlichen Lebensge-
    meinschaften (darunter: eingetragene Lebenspartnerschaften). https://
    www.destatis.de/DE/ZahlenFakten/GesellschaftStaat/Bevoelkerung/
    HaushalteFamilien/Tabellen/3_4_Gleichgeschlechtliche_
    Lebensgemeinschaften.html [09.01.2017].
Duden. Wörterbuch. Regenbogenfamilie. http://www.duden.de/
    rechtschreibung/Regenbogenfamilie [09.01.2017].
Eltern. Forum. Leben mit Kind. Regenbogenfamilien. http://www.eltern.de/
    foren/regenbogenfamilien/ [09.01.2017].
Fachstelle Kinderwelten für Vorurteilsbewusste Bildung und Erziehung.
    Vorurteilsbewusste Kinderbücher. https://www.situationsansatz.de/
    vorurteilsbewusste-kinderbuecher.html [09.01.2017].
Familien-Schutz.de. Lobbygruppen entwickeln Kita-Koffer: Kinder sollen
    Vielfalt akzeptieren. In: familien-schutz.de vom 27. Mai 2014. http://www.
    familien-schutz.de/2014/05/27/lobbygruppen-entwickeln-kita-
    koffer-kinder-sollen-vielfalt-akzeptieren [09.01.2017].
Rainbow Family News. Ein Blog von Stephanie Gerlach. Website.
    http://www.rainbowfamilynews.de [09.01.2017].
GLADT. Mehrsprachig – queer – unabhängig. Projekte & Angebote.
    Laufende Projekte. Modul 1: Kita/Frühkindliche Prävention. http://
    www.gladt.de/seite/239179/modul-1-kita frühkindliche-prävention.html
    (Download hier möglich: http://www.i-paed-berlin.de/de/Downloads/)
    [09.01.2017].
Goodreads. listopia. Beyond Heather Has Two Mommies: Picture Books
    with LGBT Parents. http://www.goodreads.com/list/show/44449.

Beyond_Heather_Has_Two_Mommies_Picture_Books_with_LGBT_
Parents [09.01.2017].

Hepper, Eva: Wenn das Kind zwei Mamas hat. Sexualität im Kinder- und
Jugendbuch. In: Deutschlandradio Kultur vom 12. Juli 2016. http://www.
deutschlandradiokultur.de/sexualitaet-im-kinder-und-jugendbuch-
wenn-das-kind-zwei.1270.de.html?dram:article_id=359856 [09.10.2017].

Kita-Server. Positive Bilanz nach einem Jahr: Kita-Koffer fördert vorurteilsfreies Miteinander. In: Kita-Server am 09. Juli 2015.
https://kita.bildung-rp.de/Nachrichten.180+M54ef9750be0.0.
html?&tx_ttnews%5Btt_news%5D=296 [09.01.2017].

Kompetenzzentrum geschlechtergerechte Kinder- und Jugendhilfe Sach-
sen-Anhalt e. V.: Geschlechter- und Familienvielfalt. Eine Bücherliste
mit Empfehlungen für Kinder von 3 bis 8 Jahren.
http://www.mj.sachsen-anhalt.de/service/broschueren/geschlechter-und-
familienvielfalt/) [09.01.2017].

Kreidfeuer.wordpress.com. Rheinland-Pfalz: Kita-Koffer für Sender Propaganda. In: Kreidfeuer.wordpress.com vom 01. Juni 2014. https://kreidfeuer.
wordpress.com/2014/06/01/rheinland-pfalz-kita-koffer-fuer-gender-
propaganda [09.01.2017].

Lesben- und Schwulenverband LSVD. Regenbogenfamilien Literaturtipp
Kinder und Jugendbücher. https://www.lsvd.de/fileadmin/pics/
Dokumente/family/Beratungsfuehrer/3_a-Kinder-Jugendbuecher.pdf
[09.01.2017].

Mama Notes. Kinderbücher über Vielfalt, Toleranz und Anders-sein. http://
mama-notes.de/kinderbuecher-ueber-vielfalt-toleranz-und-anders-sein/
[09.01.2017].

Mardi-Verlag. Buch-Idee. Inga und der verschwundene Wurm.
http://www.mardi-verlag.de [09.01.2017].

Martens, Michael: Unter dem Deckmantel der Vielfalt. Sexualaufklärung in
Schulen. In: Frankfurter Allgemeine.net vom 14. Oktober 2014. http://
www.faz.net/aktuell/politik/inland/experten-warnen-vor-zu-frueher-
aufklaerung-von-kindern-13203307-p2.html [09.01.2017].

Ministerium für Bildung Rheinland-Pfalz. Positive Bilanz nach einem Jahr:
Kita-Koffer fördert vorurteilsfreies Miteinander. In: Kita-Server vom
09. Juli 2015. https://kita.bildung-rp.de/Nachrichten.180+
M54ef9750be0.0.html?&tx_ttnews%5Btt_news%5D=2968 [10.11.2016].

openPetition Deutschland. Zukunft – Verantwortung – Lernen: Kein Bildungsplan 2015 unter der Ideologie des Regenbogens. In: openpetition.de vom 18. Dezember 2016. https://www.openpetition.de/petition/online/zukunft-verantwortung-lernen-kein-bildungsplan-2015-unter-der-ideologie-des-regenbogens [09.01.2017].

Queernet- Rheinland-Pfalz e.V. Projekte. Kita-Koffer. http://www.queernet-rlp.de/projekte/kita-koffer [09.01.2017].

Schweizerisches Institut für Kinder- und Jugendmedien. Rezensionen. Datenbank. Zwei Papas für Tango. http://www.sikjm.ch/rezensionen/datenbank/?id=826&c=1&author=carola%20holland%20(illustration [09.01.2017].

Startnext. Mio & Freda – Ein modernes Kinderbuch. https://www.startnext.com/mio-and-freda [09.01.2017].

Thienemann-Esslinger. http://www.thienemann-esslinger.de/thienemann/buecher/buchdetailseite/zwei-papas-fuer-tango-isbn-978-3-522-45847-4/ [09.01.2017].

Waldmann, Nancy: Wir verkehren nicht die Realität. Nicht normative Kinderbücher. In: Taz.de vom 26. Dezember 2012. http://www.taz.de/!5076579/ [09.01.2017].

Wemakeit. Regenbogenfamilie – Kinderbuch. https://wemakeit.com/projects/regenbogenfamilie-kinderbuch [09.01.2017].

Youtube. Yes on 8 TV Ad: It's Already Happened vom 07. Oktober 2008 https://www.youtube.com/watch?v=0PgjcgqFYP4 [09.01.2017].

Forschungsliteratur

Blumenkamp, Katrin: In der Nische. Mini-Verlage. In: Literaturbetrieb in Deutschland. 3. Hrsg. von Heinz Ludwig Arnold und Matthias Beilein. München: edition text + kritik 2009, S. 191-199.

Buchholtz, Elisabeth: Das Thema »Homosexualität« im zeitgenössischen Adoleszenzroman. In: Neue Leser braucht das Land! Zum geschlechterdifferenzierenden Unterricht mit Kinder- und Jugendliteratur. Hrsg. von Annette Kliewer und Anita Schilcher. Schneider Verlag Hohengehren: Baltmannsweiler 2004, S. 58–68.

Cart, Michael/Christine A. Jenkins. The Heart Has Its Reasons: Young Adult Literature With Gay/Lesbian/Queer Content, 1969-2004. Lanham, Maryland: The Scarecrow Press, 2006.

Caywood, Carolyn: Using the OIF database for »What's so Scary about Tango«. In: Intellectual Freedom Roundtable Report of the American Library Association 73 (2010) 4., S. 2f.

Clark, Cedric C.: Television and social controls. Some observation of the portrayal of ethnic minorities. In: Television Quarterly 8 (1969) 2, S.18-22.

Dethloff, Cyrus: Jungenpaare, Mädchenpaare. Der humanwissenschaftliche Diskurs um die »Homosexualität« und sein Einfluss auf ihre Darstellung im erzählenden Kinder- und Jugendbuch (Literatur- und Medienwissenschaft 42). Zugl.: Univ. Saarbrücken, Diss., 1995. Paderborn: Igel Verlag 1995.

Fitzgerald, Michael Ray: Evolutionary Stages of Minorities in the Mass Media: An Application of Clark's Model to American Indian Television Representations. In: Howard Journal of Communications 21 (2010) 4, S. 367-384.

Foerstel, Herbert N.: Banned in the U.S.A.: A Reference Guide to Book Censorship in Schools and Public Library. Rev. and expanded Ed. Westport/ London: Greenwood Press 2002.

Ford, Elizabeth A.: H/Z. Why Lesléa Newman Makes Heather into Zoe. In: Over the Rainbow. Queer Children's and Young Adult Literature. Hrsg. von Michelle Ann Abate. Ann Arbor, Michigan: University of Michigan Press 2011, S. 201-214.

Fuhs, Burkhard: Brauchen Kinder (noch) die Werte, wie sie im Bilderbuch vermittelt werden? In: Neue Impulse der Bilderbuchforschung. Wissenschaftliche Tagung der Forschungsstelle Kinder- und Jugendliteratur der Carl von Ossietzky Universität Oldenburg. Hrsg. von Jens Thiele. Schneider Verlag Hohengehren GmbH: Baltmannsweiler 2007, S. 16-30.

Gerlach, Stephanie: Sexuelle Identität – bedeutsam für kleine Kinder? In: Handbuch Inklusion. Grundlagen vorurteilsbewusster Bildung und Erziehung. Hrsg. von Petra Wagner. 1. Ausg. der überarb. Neuausg., 3. Gesamtaufl. Freiburg u. a.: Herder 2013, S. 209–222.

Gomillion, Sarah C./ Giuliano, Traci A.: The Influence of Media Role Models on Gay, Lesbian, and Bisexual Identity. In: Journal of Homosexuality 58 (2011) 3, S. 330-354.

Harris, Richard Jackson: A Cognitive Psychology of Mass Communication. 5. Aufl. New York und London: Routledge 2009.

Hiller, Helmut/ Füssel, Stephan: Wörterbuch des Buches. 7. grundlegend überarb. Aufl. Frankfurt a. M.: Vittorio Klostermann 2006.

Kalbermatten, Manuela: Knurrende Enten und Bären mit Schnäbeln. Zum subversiven Potenzial queerer Tier-Adoptionen in neueren Bilderbüchern. In: Immer Trouble mit Gender? Genderperspektiven in Kinder- und Jugendliteratur und medien(forschung). (kjl & m. extra 16.) Hrsg. von Petra Josting, Caroline Roeder und Ute Dettmar. München: kopaed 2016, S. 195–206.

Keuneke, Susanne: Geschlechtserwerb und Medienrezeption. Zur Rolle von Bilderbüchern im Prozess der frühen Geschlechtersozialisation (Forschung Soziologie 38). Oplade: Leske und Buderich 2000.

Klocke, Ulrich: Akzeptanz sexueller Vielfalt an Berliner Schulen. Eine Befragung zu Verhalten, Einstellungen und Wissen zu LSBT und deren Einflussvariablen. Berlin: Senatsverwaltung für Bildung, Jugend und Wissenschaft 2012.

Klötzer, Marion: Moderne Familienbilder im Bilderbuch. In: Eselsohr. Fachzeitschrift für Kinder- und Jugendliteratur (2011), Heft 02/11, S. 20.

Kuhn, Axel: Lesen als Identitätskonstruktion und soziale Integration. In: Lesen. Ein interdisziplinäres Handbuch. Hrsg. von Ursula Rautenberg und Ute Schneider. Boston: de Gruyter 2015, S. 833-852.

Minges, Britta: Patchworkfamilien in der Kinder- und Jugendliteratur der Gegenwart. (Angewandte Literaturwissenschaft 6). Innsbruck u. a.: StudienVerlag 2010.

Preissing, Christa: Vorurteilsbewusste Bildung und Erziehung im Kindergarten. Ein Konzept für die Wertschätzung von Vielfalt und gegen Toleranz. In: Kleine Kinder – keine Vorurteile? Interkulturelle und vorurteilsbewusste Arbeit in Kindertageseinrichtungen. Hrsg. von Christa Preissing/Petra Wagner. Freiburg im Breisgau u. a.: Herder 2003, S. 12–33.

Rautenberg, Ursula (Hrsg.): Reclams Sachlexikon des Buches. Von der Handschrift zum E-Book. 3., vollständig überarb. und aktualisierte Aufl. Stuttgart: Reclam 2015.

Rayles, Amber B./ Lucas, Jennifer L: Stereotype or Success? Prime-Time Television's Portrayals of Gay Male, Lesbian, and Bisexual Characters. In: Journal of Homosexuality 51 (2006) 2, S. 19-38.

Ritter, Alexandra/ Ritter, Michael: Du groß, und ich klein?! Bilderbucherkundungen zwischen Faszination und Normierung. In: Norm und Normüberschreitung in der Kinder- und Jugendliteratur und ihren

Institutionen (kjl&m 15 extra). Hrsg. von Ricarda Freudenberg und Petra Josting. München: kopaed 2015, S. 127–141.

Rupp, Martina (Hrsg.): Die Lebenssituation von Kindern in gleichgeschlechtlichen Lebenspartnerschaften. Köln: Bundesanzeiger Verlag 2009.

Schmincke, Imke: Das Kind als Chiffre politischer Auseinandersetzung am Beispiel neuer konservativer Protestbewegungen in Frankreich und Deutschland. In: Anti-Genderismus. Sexualität und Geschlecht als Schauplätze aktueller politischer Auseinandersetzungen. Hrsg. von Sabine Hark und Paula-Irene Villa. Bielefeld: transcript 2015, S. 93–107.

Spitta, Gudrun: Sollen sie nun heiraten – oder nicht? Bilderbücher als Impuls für eine spielerische Konstruktion unterschiedlicher Lebensperspektiven mit Grundschuldkindern. In: Neue Leser braucht das Land! Zum geschlechterdifferenzierenden Unterricht mit Kinder- und Jugendliteratur. Hrsg. von Annette Kliewer und Anita Schilcher. Schneider Verlag Hohengehren: Baltmannsweiler 2004, S. 137–150.

Sulzer, Annika: Inklusion als Werterahmen für Bildungsgerechtigkeit. In: Handbuch Inklusion. Grundlagen vorurteilsbewusster Bildung und Erziehung. Hrsg. von Petra Wagner. 1. Ausg. der überarb. Neuausg., 3. Gesamtaufl. Freiburg u. a.: Herder 2013, S. 12-21.

Thiele, Jens: Das Bilderbuch. Ästhetik – Theorie – Analyse – Didaktik – Rezeption. Oldenburg: Isensee Verlag 2003.

– Neue Impulse der Bilderbuchforschung. Fragestellungen der Tagung. In: Neue Impulse der Bilderbuchforschung. Wissenschaftliche Tagung der Forschungsstelle Kinder- und Jugendliteratur der Carl von Ossietzky Universität Oldenburg. Hrsg. von Jens Thiele. Schneider Verlag Hohengehren GmbH: Baltmannsweiler 2007, S. 7-15.

Ullmann, Anika: Oh, Be Careful, Little Eyes, What You Read. King & King und das noch-nicht-heterosexuelle Kind. In: Immer Trouble mit Gender? Genderperspektiven in Kinder- und Jugendliteratur und medien(forschung) (kjl&m. extra 16.) Hrsg. von Petra Josting, Caroline Roeder und Ute Dettmar. München: kopaed 2016, S. 207–218.

Weinkauff, Gina/ v. Glasenapp, Gabriele: Bilderbuch. In: Dies.: Kinder- und Jugendliteratur. Paderborn: Schöningh 2010, S. 162–190.

Wicke, Andreas: »Zeiten ändern sich, Menschen ändern sich, Meinungen ändern sich.« Familie in Andreas Steinhöfels Rico, Oskar...-Trilogie. In: interjuli, Internationale Kinder- und Jugendbuchforschung Jahrgang (2012) 2. S. 39-58.

ANHANG

A: Liste der verwendeten Bilderbücher mit LSBTI*-Figuren – nach Erscheinungsjahr

Willhoite, Michael: Papas Freund. Berlin: Magnus-Medien-Verlag 1994.

Pah, Sylvia/Schat, Joke: Zusammengehören. Ruhnmark: Donna Vita 1994.

Kreuzsaler, Gabriele / Cuna Marchado, Mario Jorge da: Eberhard, die schwule Sau. Koblenz: taormina Verlag 1998.

Haan, Linda de/ Stern, Nijland: König & König. Hildesheim: Gerstenberg 2001.

Link, Michael/ Schöneich, Sabine: Komm, ich zeig dir meine Eltern: Hamburg: Ed. Riesenrad 2002.

Springer, Sonja: Phöbe in der neuen Schule. [Bretzfeld: Selbstverlag] 2006.

Schreiber-Wicke, Edith/ Holland, Carola: Zwei Papas für Tango: Stuttgart u. a.: Thienemann 2006.

Lindenbaum, Pija: Luzie Libero und der süße Onkel. Weihnheim u. a.: Beltz & Gelberg 2007.

Zehender, Dirk: So lebe ich… und wie lebst du? Hanstedt: Mardi-Verlag 2008.

Thorn, Petra / Herrmann-Green, Lisa: Die Geschichte unserer Familie. Ein Buch für lesbische Familien mit Wunschkindern durch Samenspende. Mörfelden: FamART 2009.

Hoffmann, Mary/ Asquith, Ros: Du gehörst dazu. Das große Buch der Familien. Frankfurt a. M.: FISCHER Sauerländer 2010.

Maxeiner, Alexandra/ Kuhl, Anke: Alles Familie! Vom Kind der neuen Freundin vom Bruder von Papas früheren Frau und anderen Verwandten. Leipzig: Klett Kinderbuch 2010.

Zehender, Dirk / Sadr, Soheyla: Inga und der verschwundene Wurm. Hanstedt: Mardi-Verlag 2011.

Schmitz-Weicht, Cai/ Schmitz, Ka: Hallo, wer bist denn du? Darmstadt: Atelier 9 3/4 2012.

    – : Wie Lotta geboren wurde. Berlin: Atelier 9 3/4 2013.

    – : Maxime will ein Geschwister. Darmstadt: Atelier 9 3/4 2015.

Voigt, Ina/ Gleich, Jacky: Wie heiraten eigentlich Trockennasenaffen? Bern: Kwasi Verlag 2015.

Schmitz-Weicht, Cai/ Schmitz, Ka/ El-Mohamad, Majida: Esst ihr Gras oder
    Raupen? Ein Buch über Familien, übers Streiten und Zuhören. Ausgabe
    Deutsch – Arabisch. Berlin: Viel & Mehr 2016.

**B: Liste der verwendeten Bilderbücher mit LSBTI*-Figuren – nach
Verfügbarkeit.**

Aktuell verfügbar (im Buchhandel oder vom Selbstverlag direkt):

Haan, Linda de/ Stern, Nijland: König & König. Midi-Ausgabe. Hildesheim:
    Gerstenberg 2014.

Hoffmann, Mary/ Asquith, Ros: Du gehörst dazu. Das große Buch der
    Familien. Frankfurt a. M.: FISCHER Sauerländer 2010.

Lindenbaum, Pija: Luzie Libero und der süße Onkel. Weihnheim u. a.: Beltz
    & Gelberg 2007.

Maxeiner, Alexandra/ Kuhl, Anke: Alles Familie! Vom Kind der neuen
    Freundin vom Bruder von Papas früheren Frau und anderen Ver-
    wandten. 4. Aufl. Leipzig: Klett Kinderbuch 2013.

Schmitz-Weicht, Cai/ Schmitz, Ka: Hallo, wer bist denn du? 3. Aufl.
    Darmstadt: Atelier 9 3/4 2014.

 – Maxime will ein Geschwister. Darmstadt: Atelier 9 3/4 2015.

 – Wie Lotta geboren wurde 2. Aufl. Berlin: Atelier 9 3/4 2013.

Schmitz-Weicht, Cai/ Schmitz, Ka/ El-Mohamad, Majida: Esst ihr Gras oder
    Raupen? Ein Buch über Familien, übers Streiten und Zuhören. Ausgabe
    Deutsch – Arabisch. Berlin: Viel & Mehr 2016.

Schreiber-Wicke, Edith/ Holland, Carola: Zwei Papas für Tango: Stuttgart
    u. a.: Thienemann 2017 [Erscheinungstermin der Neuauflage: 17.01.17, bis
    dahin vergriffen].

Thorn, Petra / Herrmann-Green, Lisa: Die Geschichte unserer Familie. Ein
    Buch für lesbische Familien mit Wunschkindern durch Samenspende.
    Mörfelden: FamART 2009.

Voigt, Ina/ Gleich, Jacky: Wie heiraten eigentlich Trockennasenaffen? Bern:
    Kwasi Verlag 2015.

Zehender, Dirk: So lebe ich... und wie lebst du? Hanstedt: Mardi-Verlag
    2008.

Zehender, Dirk / Sadr, Soheyla: Inga und der verschwundene Wurm.
    Hanstedt: Mardi-Verlag 2011.

Nur antiquarisch verfügbar (deutlich erhöhter Preis):

Kreuzsaler, Gabriele / Cuna Marchado, Mario Jorge da: Eberhard, die
schwule Sau. Koblenz: taormina Verlag 1998.

Link, Michael/ Schöneich, Sabine: Komm, ich zeig dir meine Eltern.
Hamburg: Edition Riesenrad 2002.

Pah, Sylvia/Schat, Joke: Zusammengehören. Ruhnmark: Donna Vita 1994.

Über öffentliche Bezugsquellen aktuell nicht mehr zu erwerben:

Springer, Sonja. Phöbe in der neuen Schule. Bretzfeld: Selbstverlag
2006 [Titel aus einer Reihe, selbstverlegt, Internetauftritt nicht mehr
aufrufbar].

Willhoite, Michael: Papas Freund. Berlin: Magnus-Medien-Verlag 1994.

INITIALEN

1 Kristina Auer D-Manga. Der japanische Comic und seine deutsche Adaption. 2013. 142 S. 978-3-656-45418-2. **2 Charlotte Kempf** Antikenrezeption vor dem Hintergrund des Medienwechsels im 15. Jahrhundert. 2013. 52 S. 978-3-656-45098-6. **3 Katharina Liehr** Gemeinschaftliche Lektüre im Social Web. Untersuchungen zum Potenzial von Online-Leserunden für die Buchbranche. 2013. 212 S. 978-3-656-45080-1. **4 Svenja Lüll** Schreibschrift oder »Druckschrift«? Welche Schrift soll die Schule lehren? 2013. 56 S. 978-3-656-45076-4. **5 Julia Schaer** Die imaginäre Bibliothek in der Jugendliteratur. Wie die aktuellen Richtlinien realer Bibliotheken in »Harry Potter«, »Die Stadt der träumenden Bücher« und weiteren Werken berücksichtigt werden. 2013. 52 S. 978-3-656-45414-4. **6 Marisara Stecher** Das Buch im transmedialen Franchise. Transmedia Storytelling als Chance für Verlage. 2013. 56 S. 978-3-656-45090-0. **7 Verena Tesar** Online-Verleihmodelle. Wie Bibliotheken und andere Anbieter E-Books über das Internet verleihen können. 2013. 58 S. 978-3-656-45096-2. **8 Jessica Upmeier** Enhanced E-Books – ein neuer Produkttyp auf dem Buchmarkt. Vor- und Nachteile von EPUB 3 zur Umsetzung von Enhanced E-Books. 2013. 56 S. 978-3-656-45157-0. **9 Sarah Lisa Wierich** Typografie im Nationalsozialismus. Instrumentalisierung oder Zeiterscheinung? 2013. 68 S. 978-3-656-45092-4. **10 Elisabeth Windfelder** Das Buch als Werbemittel. Eine Analyse am Beispiel der McDonald's Kooperation 2012/13. 2014. 52 S. 978-3-656-58506-0. **11 Vanessa Roth** Annäherung an eine Ökobilanz von E-Books. 2014. 52 S. 978-3-656-58512-1. **12 Maike Söhner** Money Matters. Alternative Finanzierungsmethoden in der Buchbranche. 2014. 68 S. 978-3-656-58514-5. **13 Heidi Vetter** Alternate Reality Games als Marketinginstrument im Jugendbuchmarkt. 2014. 56 S. 978-3-656-58516-9. **14 Rebekka Zech** Konventionen in Wissenschaftskulturen. Texterschließende Merkmale wissenschaftlicher Publikationen aus den USA, der UdSSR, der DDR und der BRD. 2015. 92 S. 978-3-945883-00-6. **15 Katharina Laufs** Eigenständige Marktbearbeitung statt Lizenzvergabe? Neue Möglichkeiten für Verlage durch Internationalisierung des E-Book-Geschäfts. 2015. 124 S. 978-3-945883-02-0. **16 Sandra Duschl** Informieren, Inszenieren, Integrieren. Corporate Books als Instrumente nachhaltiger Unternehmenskommunikation. 2015. 104 S. 978-3-945883-04-4. **17 Kristin Lulei** E-Books kaufen, abonnieren, leihen? Eine Analyse auf Basis einer Konsumentenbefragung. 2015. 132 S. 978-3-9455883-06-8. **18 Anna Violetta Lex** Das Buch als Erinnerungsobjekt. 2015. 152 S. 978-3-945883-12-9. **19 Dörthe Fröhlich** Register und digitale Bücher. Problematik, Erstellung und Gebrauchswert. 2015. 51 S. 978-3-945883-15-0. **20 David Richter** Bedeutung und Funktion des Buches in literarischen Dystopien. Exemplarisch anhand George Orwells Nineteen Eighty-Four. 2015. 51 S. 978-3-945883-18-1. **21 Martin Steininger** Die Bedeutung von Kulturgütern in der Konsumgesellschaft. Das Buch als Wirtschaftsgut in der Massenkultur. Eine Standortbestimmung nach Walter Benjamin und Theodor W. Adorno. 2015. 41 S. 978-3-945883-21-1. **22 Angela Huber** Wozu Neuschnitte? Das Beispiel der Optima. 2015. 48 S. 978-3-945883-24-2. **23 Magdalena Schlosser** Leichenpredigten des Barock als Forschungsgegenstand. 2016. 51 S. 978-3-945883-27-3. **24 Felicitas Boos** Systemtheoretische Ansätze in der Buchwissenschaft. Idee, Stand der Diskussion, exemplarische Anwendungsbereiche. 2016. 73 S. 978-3-945883-32-7. **25 Nina Rubach** Open Innovation in der Buchbranche. Ein neues Konzept von Innovationen und sein Niederschlag bei Verlagen und Start-Ups. 2016. 58 S. 978-3-945883-35-8. **26 Charmaine Gamisch** Albatross Books. Ein Pionier des modernen Taschenbuchs. 2016. 84 S. 978-3-945883-38-9. **27 Sabrina Holitzner** Leseförderung in den Niederlanden. Am Beispiel der Stiftungen »Stichting Lezen«, »Stichting Lezen & Schrijven« und »Stichting Collectieve Propaganda van het Nederlandske Boek«. 2016. 113 S. 978-3-945883-39-6. **28 Anna-Carina Blessmann** Kritik an Autorschaft und Literaturbetrieb am Beispiel ausgewählter Episoden der Serie »Die Simpsons«. 2016. 59 S. 978-3-945883-42-6. **29 Jaquelin Kathrin Matthes** Der aktuelle gesellschaftliche Wertekosmos und seine Spiegelung auf dem deutschen Buchmarkt. 2016. 100 S. 978-3-945883-45-7. **30 Sophia Meyer** Bibliotherapie. Eine aktuelle Bestandsaufnahme. 2016. 106 S. 978-3-945883-48-8. **31 Lisa Eckstein** Das ultimative Anti-E-Book? Der Roman S. – Das Schiff des Theseus von J. J. Abrams und Doug Dorst. 2017. 61 S. 978-3-945883-51-8. **32 Annedore Friedrich** Augmented Reality im Kinderbuch. Eine Rezeptionsanalyse von Leyo!, SuperBuch & Co. 2017. 146 S. 978-3-945883-54-9. **33 Emmelie Öden** Rechtsextreme Verlage in Deutschland. Eine aktuelle Bestandsaufnahme. 2017. 80 S. 978-3-945883-57-0. **34 Franziska Steuer** Soziologie 1900–1933. Eine junge Disziplin im Spiegel ihrer Verlage. 2017. 113 S. 978-3-945883-60-0. **35 Josefine Johanna Mohrhard** Slow Reading. Der neue Lesetrend. 2018. 122 S. 978-3-945883-63-1. **36 Kris Lehmann** Modelle der Programmbildung. Ansätze zur Organsiationstheorie des Verlags. 2018. 86 S. 978-3-945883-66-2. **37 Judith Schumacher** Regenbogenfamilien im deutschsprachigen Bilderbuch. Ein Überblick über Angebot und Rezeption. 66 S. 978-3-945883-69-3. **38 Denise Schneider** Das Buch als Heterotopie. Betrachtungen zur sozialen Dimension des Leseprozesses. 2018. 90 S. 978-3-945883-72-3.

INITIALEN